GUIARAMA **COMPACT**

AF277655

Oslo, Bergen
y los fiordos

ANAYA
TOURING

Autor: **Gonzalo Vázquez Solana**

Responsable editorial: **David Lozano**
Edición: **Anaya Touring**
Técnico editorial: **Lola García**
Cartografía: **Anaya Touring**
Producción: **Juan José Rodríguez, Antonio Mellado** y **Olga Hernando**
Diseño tipográfico y de cubierta: **marivies**

Procedencia de las fotografías:
123RF: cabecera 38 y siguientes, 39, 40 (3), 63, 74, 75, 76, 77, cabecera 78 y siguientes, 80 (inf.), 82-83, 84, 85 (sup.), 86, 87, 89, 91, 93 (inf.), 95, 96, 97 (2), 99, 100, 101, 102, 105, 107, 108 (2), 110, 112, 113 (2), 114-115, cabecera 116 y siguientes, 117, 118, 124. Creative commons: 12 sup., 13, 14, 18. Dreamstime: cubierta (inf.), 8, cabecera 8 y siguientes, 1 (sup.), 36-37, 41, 64, 66, 68, 69, 72. G.V.: 106. iStock: 2, 48-49, 51, 71. Shutterstock: cubierta (sup.), 6-7, 10, 11 (inf.), 12 (inf.), 16-17, 17, 19, 20-21, 22, cabecera 22 y siguientes, 23, 25 (4), 26, 27, 28, 29, 30, 31 (2), 32, 33, 35, 38, 44, 46, 47 (2), 48, 49, 50, 53, 54, 55, 56, 58, 59, 60, cabecera 60 y siguientes, 61, 62, 67, 73, 78, 79, 80 (sup.), 83 (dch.), 85 (inf.), 90, 92, 93 (sup.), 98, 111, 128, 129, 131.

El autor desea agradecer la ayuda prestada a sus compañeros guías de Noruega (especialmente a Rodrigo Fretín).

2ª edición: 2025

© Grupo Anaya, S. A., 2025
    Valentín Beato, 21. 28037 Madrid
    www.guiasdeviajeanaya.es

Depósito legal: M-01.241-2025
ISBN: 978-84-9158-886-3
Impreso en España-Printed in Spain

PAPEL DE FIBRA CERTIFICADO

La información contenida en esta guía ha sido cuidadosamente comprobada antes de su publicación. No obstante, dada la naturaleza variable de los datos, recomendamos su verificación antes de salir.

Contenido

Naturaleza y paisaje

Descubrir
Bergen

Tren de Flåm

1

Cómo usar esta guía

Esta **Guiarama** de **Oslo, Bergen y los fiordos** se divide en cinco secciones que abarcan los aspectos más importantes del viaje

Una mirada a Oslo, Bergen y los fiordos, páginas 6-19

Presentación
Oslo y los fiordos en cifras
No hay que perderse
Un poco de historia
Naturaleza y paisaje
Personajes famosos

Diez lugares inolvidables, páginas 20-35

La elección de la autora de los diez lugares más atractivos de la ciudad, todos con información práctica.

Visita, páginas 36-113

Se divide Oslo, Bergen y los fiordos en seis zonas, cada una con una introducción y listado de los lugares más interesantes.

Información práctica
Breves notas "¿Sabías que…?"
2 paseos a pie
Gastronomía

Dónde…, páginas 114-131

Información detallada sobre restaurantes, alojamiento, compras, niños y ocio.

Información práctica, páginas 132-141

Toda la información necesaria para el viajero presentada de forma visual.

Mapas y planos

Los lugares de interés incluyen su localización en los diferentes mapas y planos de esta guía. Por ejemplo, el Ibsen Museet va seguido de la referencia 🚇 42 (B2) que indica la página en la que se encuentra el plano (42) y las coordenadas (B2). La indicacion f. p. significa "fuera de plano". En el capítulo dedicado a los fiordos pueden encontrarse varios mapas detalle. Al final se incluye un plano general de Noruega.

Precios

El precio aproximado de los establecimientos se
indicará mediante los signos:

C caro, **M** moderado y **E** económico.

Clasificación por estrellas

La mayoría de los lugares descritos en el libro se han
clasificado por su grado de interés como sigue:

★★★   Visita obligada
★★   Muy interesante
★   Interesante

Símbolos utilizados

A lo largo de la guía se han utilizado símbolos sencillos
y claros para indicar las siguientes categorías:

- 🔘   referencia a los planos del final de la guía
- ✉   dirección o localización
- ☎   número de teléfono
- 🕐   horario
- 🍽   restaurante o café
- Ⓜ   estación de metro más cercana
- 🚌   rutas de autobús o tranvía
- 🚆   estación de tren más cercana
- ⛴   ferry más cercano
- ✈   aeropuerto
- ℹ   información turística
- ♿   acceso para personas con problema de movilidad
- 🎫   precio de la entrada
- ➕   otros lugares de interés cercanos
- 📋   más información práctica
- 🌐   web

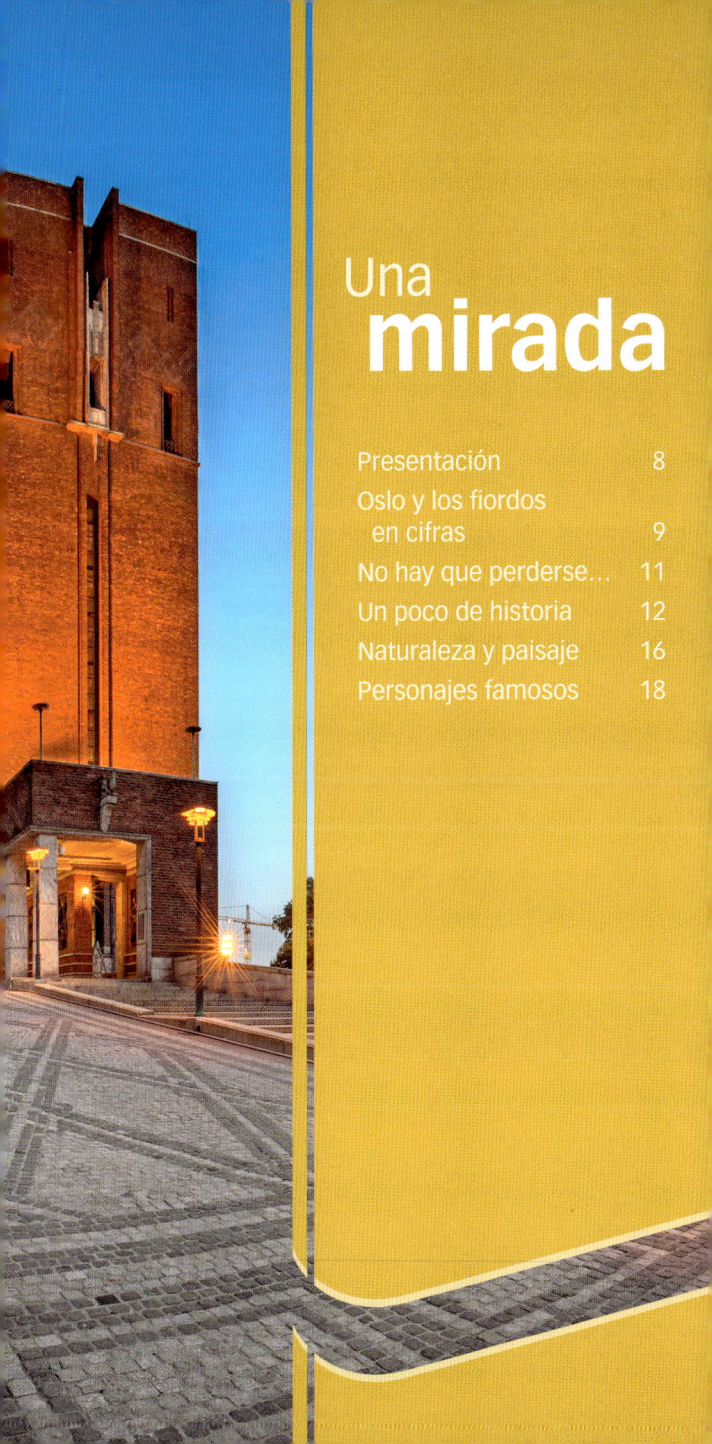

Una
mirada

Presentación

▌ Símbolos

Se asocia el país con los **vikingos,** pero se ha creado una imagen distorsionada, por lo efectista de los relatos sobre sus aventuras, algunas tan crueles como toda la Edad Media europea. Por otro lado, el legado del **Nobel de la Paz** y su afán de lucha por un mundo más justo, últimamente volcado en las consecuencias del cambio climático, también se postula como estandarte simbólico del país aunque con un contradictorio mensaje sobre el petróleo y la conservación de las ballenas.

Los trolls y la estética de la mitología nórdica en general son comúnmente asociados con el país; aunque realmente la impronta más nítida es el de una sociedad muy igualitaria y próspera, eso sí a través de muy altos impuestos.

▼ Oslo, una gran capital europea en un bello fiordo.

Noruega es un destino muy atractivo, tanto en verano como en invierno. Conocer el sur, con su capital Oslo, y el oeste con Bergen y la zona de los fiordos, es una buena forma de introducirse en Escandinavia, sin duda, uno de los destinos más impresionantes del mundo.

Del país sorprende su naturaleza grandiosa, los glaciares perpetuos, las cascadas y saltos de agua que riegan los valles, los profundos y estrechos fiordos y las montañas nevadas que enmarcan el paisaje. Su historia está presente en sus museos y sus antiguas construcciones, ligadas a la madera como las *stavkirke,* vestigios del cristianismo mezclado con una mitología propia.

En Bergen y Oslo encontraremos una interesante oferta cultural, apuestas en arquitectura puntera y un urbanismo sorprendente, museos divertidos y pensados para los niños, parques que son obras de arte y todo acompañado de una gastronomía innovadora, basada en productos del mar, la gran despensa del país. El carácter de su gente, cosmopolita, abierto y respetuoso, es otro aliciente más para pasar unos días por estas tierras llenas de libertad y respeto a la naturaleza. La actividad humana ha estado condicionada por su clima y por la orografía. Las comunicaciones han sido difíciles en el pasado y es por ello que, solo recientemente, el turismo ha empezado a descubrir las enormes posibilidades del país, apoyada por una adecuada gestión de los servicios turísticos por parte del estado.

Quizá el mejor recuerdo que podamos llevar de vuelta sean precisamente los paisajes que encontraremos desplazándonos por el sur y oeste del país, por carretera, tren y barco.

Oslo y los fiordos en cifras

▌Geografía

Los cursos de agua del sur del país son cortos, numerosos y muy caudalosos sobre todo en época del deshielo. La orografía tan abrupta produce bellísimos efectos naturales en forma de cascadas, algunas de cientos de metros de caída. Las montañas más altas se encuentran en el tercio sur, rondan los 2.500 m y tienen glaciares en sus partes altas. Tres cuartas partes del territorio son bosques y zonas naturales. Oslo, rodeada por montañas y bosques, se sitúa en el interior del fiordo homónimo. Bergen presume de emplazamiento, como cabecera de la zona de los fiordos del oeste y sus numerosas islas.

▌Clima

Oslo tiene un clima continental del norte con temperaturas medias de entre 18 y 20 °C durante los meses junio, julio y agosto. Además, se puede presenciar el sol de medianoche, un fenómeno que permite tener más de 18 horas de luz al día.

Bergen se beneficia de la Corriente del Golfo, que atenúa las temperaturas en invierno y produce una alta pluviosidad sobre todo en verano, cuyas temperaturas suelen oscilar entre los 24 °C y los 10 °C.

▌Economía

El comienzo de la explotación petrolífera y de gas (1967) ha permitido al país pasar, en menos de cincuenta años, de ser uno de los dos países más pobres de Europa a ser el más rico con gran diferencia, con un modelo de reparto y atención social ejemplar para el resto del mundo, donde el Estado controla los sectores estratégicos. Este impulso económico ha dotado a la sociedad noruega de un elevado nivel de educación y bienestar.

▌Política y gobierno

Noruega es una monarquía parlamentaria, con una gran tradición democrática, incluso antes de su independencia en 1905. Desde la II Guerra Mundial, ha tenido un alineamiento occidental y los gobiernos se han formado por acuerdos, fomentando una depurada actividad y un bajo nivel de corrupción institucional.

En 2013 un coalición entre el partido Conservador (Høyre) y otros partidos de derecha y populistas forman un gobierno con medidas económicas ortodoxas en fiscalidad e inmigración. La pandemia y el crecimiento de la desigualdad han hecho retornar al partido Laborista al gobierno en 2021.

▌Curiosidades

Población. Las ciudades más pobladas son Oslo, con unos 700.000 habitantes (casi un milón incluyendo el área metropolitana) y Bergen, con unos 350.000. Del total de población oslense, casi el 25 % no ha nacido en Noruega y hay más de 200 nacionalidades presentes en la ciudad.

Organización. Noruega consta de 19 regiones. Los concejales de los ayuntamientos no cobran por su trabajo y está prohibida la propaganda electoral, incluso en campaña.

Religión. Mayoritariamente, iglesia evangélica protestante luterana.

Pensiones. Solo el 25 % de los ingresos por venta de hidrocarburos se aportan a los presupuestos del Estado. El resto se acumula en el *Government Pension Fund* para pagar onerosas pensiones a los jubilados.

La **esencia** de **Oslo** y los fiordos

Oslo, Bergen y la zona de los fiordos ofrecen un buen resumen de las maravillas que encierra el país. El maridaje entre sus impresionantes entornos naturales, su marcada cultura nórdica, su compromiso con la Paz, la música y la literatura nos dejarán los mejores recuerdos. Todos estos placeres están al alcance del lector y por menos de lo que imaginamos. Recorrer sus paisajes tiene un efecto terapéutico.

No hay que perderse…

Viajar pocos días no implica viajar con prisa. Aquí van algunas sugerencias para conocer los rincones más encantadores y las actividades más sugerentes de esta parte de Noruega.

◄ Vista del Bryggen.

▌ **Visitar un parque urbano.** Todas las ciudades cuentan con algún espacio verde pensado para realizar deporte, hacer un picnic, montar en bici, pasear con mascotas y sobre todo, para tomar el sol, cuando asoma. El aspecto cambia radicalmente en invierno, cuando se convierten en sendas para el esquí de fondo. Ineludible es el **Frognerparken,** de Oslo, con la obra **Vigeland** (▶24), el más famoso parque de todo Noruega.

▌ **Hacer una pausa y disfrutar de un café y un dulce** en alguna cafetería. En todo Noruega se consume mucho café de estilo americano, acompañado por bollos tradicionales, a base de mantequilla y con muchas especias, sobre todo, canela y cardamomo.

▌ **Realizar senderismo hasta un glaciar.** La increíble naturaleza del país se ve coronada con las lenguas de glaciar que hay en varios parques naturales. Los paseos en estas zonas están bien indicados y normalmente son fáciles de recorrer. Un buen calzado y chubasquero son imprescindibles.

▌ **Probar el marisco, sobre todo el cangrejo real.** Es más grande que un centollo, por lo que se suelen compartir. El mejor sitio para disfrutarlo es cerca de los mercados o lonjas de pescado, como en Bergen.

▌ **Una visita a una biblioteca pública.** Son auténticos templos del conocimiento y la cultura. Suelen tener un horario restringido por las tardes y están atendidas por personal joven –normalmente estudiantes. Hay cursos de idiomas, conciertos de música, exposiciones y presentaciones de libros y trabajos artísticos.

▌ **Navegar por la costa.** Noruega es mar, es su vocación y la relación de los noruegos con el mar es casi mítica. Desde los vikingos, pasando por el buque *Fram* y las expediciones a los polos, el moderno *Hurtigruten* o la travesía de la *Kontiki,* todas las grandes epopeyas nacionales se han desarrollado surcando mares y océanos. Cualquier desplazamiento nos obligará a coger, cuando menos un trasbordador para cruzar algún fiordo.

▌ **Asistir a un concierto en el Grieghallen de Bergen.** Es el lugar donde se celebra el famoso Festival Internacional de Bergen (FIB), con ballet, ópera y conciertos de la Orquesta Filarmónica de la ciudad.

▲ Venta de marisco fresco en el mercado de Bergen.

▼ En bici por la capital.

Un poco de historia

▲ Miniatura que representa a Harald I, *el Pelirrojo,* con su padre. Es considerado el primer rey de Noruega.

▼ Réplica de un *drakkar* vikingo en Sognefjord.

10000-7000 a.C. Se han encontrado objetos y datos aqueológicos que muestran la existencia de pobladores antepasados del actual pueblo sami, de procedencia siberiana.

3500 a.C. Se difunde la agricultura y llegan nuevos pobladores provenientes de Europa, tribus germánicas, con el aspecto de lo que hoy consideramos el fenotipo vikingo. Se instalan principalmente en el sur y el oeste.

200-300 d.C. Los habitantes del sur, más relacionados con la agricultura en comparación con los cazadores y recolectores del norte, establecen los primeros contactos con pueblos del Mediterráneo, que les aporta el conocimiento de tecnologías del hierro. Tienen ya su propia mitología y una tosca escritura (runas).

793 Asalto y saqueo del monasterio de Lindisfarne en el noreste de Inglaterra. Es considerado el comienzo de la era vikinga.

900 Harald Harfrage, el Pelirrojo, es el primer caudillo reconocido como líder de las distintas poblaciones del territorio noruego del sur y oeste tras su victoria en la batalla de Hafsfjord.

1018 Llegada del cristianismo. Olav Haraldson, u Olaf el Santo, reinó hasta 1030 consolidando el poder sobre los distintos caciques locales a los que impuso el cristianismo como única religión.

1066 El poderoso rey Harald Haldrada, el Fuerte, muere en la batalla de Stamford

Bridge contra los sajones, a quienes reclamaba el trono vacante de Inglaterra. Se considera el final del dominio de la era vikinga.

▲ Muerte de Harald III (Harald Hadrada) en la batalla de Stamford Bridge. Óleo de Peter Nicolai Arbo.

1217 Tras años de guerras entre clanes con relaciones de vasallaje, Hakon IV toma el trono y comienza una época de gran desarrollo, promulgando leyes para todo el reino.

1349 Llega la peste negra a Noruega. Sin duda, la mayor tragedia que ha vivido el país en su historia. Acabó con la vida de dos tercios de la población y sumió al país en una grave crisis social y económica. En el siglo XIV también se instala la Hansa Germánica en Bergen.

1397 Los tres reinos escandinavos quedan bajo el control de la corona de la reina Margarita de Dinamarca tras el acuerdo de la Unión de Kalmar. Comienza "La larga noche", en relación al período de más de cinco siglos que pasarán hasta que Noruega recupere su independencia.

1536 La Reforma luterana, importada desde Dinamarca, se extiende por el país. El obispo de Nídaros (Trondheim) promueve una revuelta solicitando ayuda al emperador Carlos V pero ésta nunca llegó.

1660 Se suceden las guerras de religión como desencadenante de la lucha por

▲ Retrato de Cristian IV, rey de Dinamarca y Noruega, por Pieter Isaacsz.

la hegemonía en Europa septentrional, pero la economía comienza a florecer con el fin del monopolio comercial de la Hansa.

1720 Tras más de dos décadas de Guerra Nórdica, en la que también participan Rusia y Polonia contra Suecia, se firma la paz de Frederiksborg, que supuso una tregua de casi cien años. Noruega vive un periodo de paz y crecimiento demográfico y cultural.

1807 El reino doble de Dinamarca y Noruega entra en guerra contra Inglaterra y Suecia. Se acaban 434 años de dominación y colonización danesas, aunque el intento de constitución del 17 de mayo de 1814 no fragua por la amenaza militar sueca.

1838 El *Storting* –cámara de representantes noruega– proclama por primera vez la bandera nacional. Una década después aparecen los movimientos obreros y se producen avances en los derechos sociales y democráticos que traerán el sufragio (solo masculino) en 1898.

1905 El rey Oskar II de Suecia acepta la votación casi unánime del Parlamento y declara la independencia del país bajo la forma de monarquía constitucional.

1930 En la Gran Depresión se llegan a tasas de desempleo del 42 %, el partido Laborista pone en práctica políticas keynesianas de aumento del peso económico del sector público, más tarde serán los abanderados del estado del bienestar.

1940 La Alemania nazi invade Noruega a pesar de su declarada neutralidad. Rey y gobierno huyen a Inglaterra y aparecen grupos de resistencia armada. En 1944, los soviéticos entran por el norte del país, presionando al ejército nazi hacia el sur que va destruyendo todo a su paso hasta que se rinde en Lillehammer el 8 de mayo de 1945.

1945 Cofundadora de la ONU, el primer secretario general de la organización sería Trygve Lie, ministro de Exteriores noruego. También se convirtió en miembro fundador de la OTAN en 1949.

1969 Comienzo de la era petrolífera. En pleno Mar del Norte, en el aún hoy famoso yacimiento de Ekofisk a unos 320 km al suroeste de Stavanger, y tras los acuerdos sobre los límites territoriales que se firman después de la guerra, Noruega encuentra importantes bolsas de gas y petróleo en el subsuelo marino y comienza su extracción.

1991 Muere el rey Olav V y le sucede el rey actual Harald V. Los gobiernos de distintas coaliciones han mantenido un compromiso con el estado del bienestar. La cuestión nacional más importante comienza a girar en torno al día después de la era del petróleo.

2011 En julio se produce el episodio más triste de su historia reciente: masacre en la isla de Utøya. El ultraderechista Breivik hace estallar una bomba en el centro político de Oslo e irrumpe a tiros en una convención de jóvenes, asesinando a 77 personas.

2021 Las últimas elecciones legislativas otorgaron una clara victoria a la coalición formada por el Partido Laborista y el Partido de Centro, con un programa centrado en la cuestión climática, y las desigualdades y cuyo gobierno preside Jonas Gahr Støre.

▌Últimas noticias

2022 Se inaugura en Oslo el Nasjonalmuseet, casi a la par que lo hacen la nueva Biblioteca nacional y el museo Munch.

2023 El escritor y dramaturgo noruego Jon Fosse ha sido galardonado con el Premio Nobel de Literatura 2023, el jurado valoró "la innovación de sus obras teatrales y su prosa que han sido capaces de dar voz a lo inefable".

▼ Figura del león, junto al *Storling* (parlamento nacional).

Naturaleza y paisaje

Un país rodeado de agua

La suma de la costa continental de Noruega, sin contar con las decenas de miles de islas del litoral, tiene un total de 25.190 km de costa continental, semejante a toda la isla de Australia y más que EE.UU.

Glaciares en peligro de extinción

A pesar de que están en franca desaparición debido al al calentamiento global antropogénico y sus consecuencias climáticas, sigue habiendo enormes glaciares como el de Jostedalbreen, situado al norte de Bergen, que es tan grande como toda Andorra (unos 490 km^2) y tiene más de 60 lenguas; o los del Parque Nacional de Hardangervidda y Folgefonna.

Uno de los aspectos más impresionantes de cualquier viaje que hagamos por Noruega es, sin duda, el paisaje y los accidentes naturales que encontramos, absolutamente únicos. Entre una cuarta y una tercera parte del territorio están cubiertas por bosques. Las carreteras tienen un impacto relativo en la indómita naturaleza de la zona de los fiordos. Así mismo, Oslo, Bergen y la mayor parte de las ciudades del sur están rodeadas de bosques, algunos convertidos en parques naturales.

El país es montañoso y tiene agua por todos lados, lo que genera paisajes de ensueño: precipicios, cascadas, ríos caudalosos, lagos, glaciares, y siempre bien señalizados para senderistas. Los bosques del interior son de especies caducifolias como hayas y robles y en altura, hasta los 1.200 m encontramos coníferas y por encima, algunas praderas y parajes árticos. Hay también manchas de abedules, que son más resistentes que pinos y abetos.

▶ Valle de Mabodalen en otoño, entre los parques de Hardangervidda y Hardangerfjord.

Fauna

Existen un total de 46 parques nacionales, aunque el primero no se creó hasta 1962, demasiado tarde para mantener las poblaciones extensas de lobos, linces, glotones y osos, que antaño se esparcían por todo el país y que la caza sistemática ha recluido a lugares remotos y poblaciones muy pequeñas.

El curioso buey almizclero, que pobló bosques y zonas de montaña en el centro del país y que había desaparecido debido a la presión de la caza, ha sido reintroducido con ejemplares de Nepal y Groenlandia, para lo que se han creado espacios naturales en amplias zonas del centro y del sur.

▲ Buey almizclero *(Ovibos moschatus)*.

Es fácil ver aves rapaces, que se alimentan de todo tipo de roedores y mustélidos, que aparecen en primavera, y también, aves marinas.

Navegando por los fiordos lo más impresionante son los cetáceos: ballenas, delfines y calderones sobre todo, que acompañan a los barcos pues tienen rutas migratorias y alimento gracias a la Corriente del Golfo.

Personajes famosos

▌Roald Amundsen (1872-1928)

Junto con Nansen, representa los valores del sacrificio en pos de los descubrimientos científicos a través de las exploraciones, de hecho, su decisión de convertirse en explorador se vio incentivada tras el éxito de Nansen en Groenlandia. También navegó en el *Fram* para alcanzar el Polo Sur, su gran proeza.

Tenía grandes dotes de liderazgo, capacidad de crecer ante las adversidades y un profundo conocimiento del mar. A él debemos el descubrimiento del paso del Noroeste, entre el Pacífico y el Atlántico, gestas reflejadas brillantemente en sus diarios de a bordo. Murió en un accidente aéreo en el Ártico intentando ayudar a Nobile, otro explorador italiano, perdido tras el accidente de su dirigible.

▌Fridtjof Nansen (1861-1930)

Aventurero, explorador y científico con mayúsculas: valiente, solidario, romántico, ejemplo del héroe en Noruega. Desde joven tuvo unas condiciones físicas extraordinarias –campeón de esquí y de patinaje sobre hielo– y una gran capacidad de adaptación al frío, que le llevaron a cruzar Groenlandia en trineo. En 1893 se lanzó a la expedición más famosa de su tiempo, la del barco *Fram* ("Adelante"), que demostró la existencia de una corriente este-oeste en el océano Ártico, aunque no logró el objetivo de ser el primero en llegar al Polo Norte. Durante la travesía recopiló valiosísimas mediciones científicas. Desde 1905, dedicó su vida a su labor como diplomático y activista en pro de la Paz en la Sociedad de Naciones. Creó el pasaporte Nansen que sirvió para que más de medio millón de excombatientes y desplazados en la I Guerra Mundial volviesen a sus casas. Recibió el Premio Nobel de la Paz en 1922.

▌Amalie Skram (1846-1905)

Nacida en Bergen, fue una luchadora incansable a a favor de los derechos de la mujer. Transgresora y valiente, describió en sus obras el mundo de la subyugación de la mujer en una sociedad moralista y machista, atreviéndose incluso a hablar de prostitución y sexo femenino. Su novela principal, *Lucie*, de 1888, es en gran medida autobiográfica y causó un importante impacto en la conservadora sociedad luterana. Sus escritos encuadrados en la corriente del Naturalismo son una continua denuncia de su época. Casada dos veces y las mismas divorciada, dejó claro en su epitafio su aversión a Noruega y su puritana sociedad. Su decidido activismo por dar voz a las mujeres la ha convertido en un referente de la lucha por la igualdad: "ciudadana danesa, escritora danesa".

▌Armauer Hansen (1841-1912)

Médico que en 1873 consiguió aislar el bacilo que provoca la lepra, enfermedad que seguía causando estragos en el siglo XIX al ser considerada incurable. Hansen violó el juramento hipocrático y contagió intencionadamente a varios individuos sin su consentimiento, lo que le permitió concluir sus experimentos aunque fue condenado penalmente, además de perder su título médico. Desde hace unos años su figura está siendo recuperada. En Bergen se puede visitar el leprosario donde trabajó, musealizado y candidato a ser Patrimonio de la Humanidad por la Unesco.

Knut Hamsun (1859-1952)

Literato y hombre maldito por su alineamiento filo nazi durante la II Guerra Mundial, es el autor de una de las novelas más determinantes de la literatura europea del siglo xx: *Sult* ("Hambre"), un estudio sobre la dignidad y la hipocresía, la condición humana en el mundo y la existencia. Puede decirse que es germen de la literatura existencialista. Hamsun afirmaba que el artista vive de la expresión, por lo que no dejó de escribir hasta su muerte. Vivió una época de "Gran Transformación", desde los albores de la revolución industrial a la era atómica, pasando por la independencia de su país, al que siempre consideró germánico y motivó su alineamiento con la ocupación nazi. Estas circunstancias marcaron su vida por lo que su figura y su extensa obra cayeron en el ostracismo.

Edvard Munch (1863-1944)

Pintor de estilo inconfundible, asociado al trato psicológico de sus personajes, le ha convertido en uno más conocido e influyente de Escandinavia. Aunque su estilo transitó por varias corrientes, él se identificó inicialmente como un simbolista. No pintaba lo que veía sino lo que recordaba y le resultaba trascendente. Tuvo una repercusión en los planteamientos expresionistas de la cultura alemana del siglo xx, del que es considerado precursor. Decía de sí mismo, que igual que Leonardo da Vinci se centraba en la anatomía y disección de los cuerpos, él pretendía diseccionar almas. Las pasiones y angustias del ser humano se plasman en la vida cotidiana que nos muestra. Su figura se ha visto engrandecida con la inauguración de un museo dedicado a su obra en Oslo.

Thor Heyerdahl (1914-2002)

Uno de los personajes noruegos más admirado en el mundo. Su fama está relacionada, como la de tantos noruegos, con el mar. Estaba empeñado en demostrar que los primeros pobladores de la Polinesia provinieron de las costas pacíficas de América del Sur y para probarlo, en 1947, construyó una balsa precolombina y artesanal, la *Kon Tiki,* con la que logró cruzar el Pacífico hasta el atolón de Raroia, a casi 8.000 km, en 101 días. Su diario de viaje se tradujo a más de 65 lenguas. Tras este éxito emprendió otras aventuras similares. Con la antropología como motivo, navegó con las dos expediciones del *Ra,* entre África y América del Sur con una embarcación egipcia, además de emprender otra entre las costas de Pakistán y Mesopotamia.

Otras figuras destacadas

En el mundo de las letras destaca **Henrik Ibsen,** autor de *Casa de Muñecas,* padre de la dramaturgia moderna, o **Sigrid Undset,** nobel de literatura en 1928, con una estupenda biografía de Santa Catalina de Siena. **Jostein Gaarder** es el escritor noruego más leído de nuestro tiempo, autor de *El mundo de Sofía.* Los amantes de las novelas policiacas pueden disfrutar con **Jo Nesbø** y su particular detective Harry Hole.

¿Fronteras? Nunca he visto una. Pero he oído que existen en las mentes de algunas personas.

Thor Heyerdhal

▲ El explorador Thor Heyerdahl en un sello de correos.

Lugares
inolvidables

10

Tren de Flåm

El escarpado recorrido del tren une el valle de Flåm, en la orilla del Aurlandsfjord, con el punto más alto de dicho valle en Myrdal, a 866 m de altura, es una de las atracciones turísticas de Noruega más visitadas y espectaculares. Este valle es el lugar ideal para la práctica del senderismo y los paseos en bici de montaña.

Info

🕐 142 (C2)
🕑 Abre todo el año.
Los horarios varían según la luz solar. En verano hay hasta 10 salidas desde Flåm (de 7.30-18.40 h). De nov. a abr. solo hay 4 salidas diarias, la última a las 16.50 h.
📱 www.visitflam.com
www.norwaysbest.com
✉ El precio por adulto es de 630 NOK, ida y vuelta. Hay que reservar con antelación.

▼ El trayecto en tren por el valle de Flåm es uno de los más espectaculares de Noruega.

Históricamente y debido a la orografía del territorio, las vías de comunicación en todo el país han sido muy complicadas y las infraestructuras para solventar estas dificultades no han aparecido hasta el siglo xx. Esta línea es uno de sus mayores hitos, construida sobre uno de los parajes más hermosos que se pueden visitar en el país.

Antes de realizar este corto paseo en tren es buena idea acercarse al **museo ferroviario de Flåm** (▶102), pegado al andén y lleno de recuerdos de la construcción y primeros años de funcionamiento, una maqueta del recorrido y hasta una locomotora. La idea original era permitir el traslado de mercancías y materias primas aunque también contemplaba el transporte de pasajeros. La ocupación nazi en 1940 transformó el proyecto, dedicándolo a la expoliación de las riquezas naturales del interior del país con fines bélicos, para lo que terminaron la construcción de la central hidroeléctrica y se procedió a la electrificación de la línea en 1944.

En el trayecto, de 20 km y una hora de duración, sobrecogen las impresionantes vistas de innumerables cascadas y picos montañosos nevados y desafiantes. Casi colgando, salpicadas por todo el valle, se ven granjas y casas aisladas, algunas a las que solo se puede llegar en tren. Los ríos que riegan el valle se suceden entre angostos pasos de montaña y túneles con viseras que permiten asombrarse aún más del perfil de la línea férrea. Es además uno de los pocos recorridos en tren que realiza un giro de 360 grados, forzando el paso y haciendo chillar a las ruedas de los vagones. A lo largo del paseo, el tren realiza más de 10 paradas, pensadas para aquellos que hacen parte del camino a pie o en bicicleta.

En la parada de la **cascada de Kjosfossen,** ya cerca de Myrdal, el tren se detiene 5-10 minutos para poder bajar y fotografiar el ensordecedor espectáculo de la cascada, con 225 m de caída, aderezado con la presencia entre los chorros de agua de la Huldra, una actriz disfrazada de ninfa de la mitología nórdica asociada a la naturaleza y sus encantos… El lugar desde luego es el apropiado. Solo hay que cuidarse de que sus cantos no nos embriaguen demasiado y perdamos el tren, que parte, sin más demora, tras el toque de silbato.

En la parte final del recorrido se suceden algunos túneles de herradura que tuvieron que ser excavados sin maquinaria, a mano, a razón de 1 m al mes, y que ralentizó la obra enormemente, pero que permite superar el valle en un liviano paseo donde la velocidad es constante y permite llenar las retinas de postales idílicas.

▲ Viajeros admirando la espectacular cascada de Kjosfossen.

Parque Vigeland

2

El parque Frogner, en el oeste de la capital, es uno de los lugares predilectos de los oslenses para disfrutar de la naturaleza. Allí van a practicar deporte, adiestrar perros, hacer picnics en familia y, cuando hay sol, a convertirse en lagartijas por unas horas. Una de las partes del parque, la más conocida, es la que diseñó y embelleció Gustav Vigeland, el escultor noruego más relevante del siglo XX.

Info

- 42 (A1)
- Siempre abierto, y no cierra de noche.
- Gratuito.

¿Quién fue Gustav Vigeland?

Nació en 1869 en una familia humilde del sur pero pasó la mayor parte de su vida en Oslo, donde murió en 1943. Fue educado en la estricta religión luterana que excluía cualquier atisbo de recreación artística, pero su conocimiento del tallado en madera, que heredó de su padre carpintero, le abrió las puertas para realizar su sueño de convertirse en escultor.

Gracias al apoyo del escultor Brynjulf Bergslien, comenzó a estudiar arte y en 1889 expuso por primera vez sus obras al público. Viajó por varias ciudades de Europa y cobró fama, llegando a tener varios encargos. En 1921 llegó a un acuerdo con el ayuntamiento de Oslo por el cual, el artista donaría toda su obra a la ciudad a cambio del apoyo financiero para desarrollar el conjunto conocido como Parque Vigeland.

El ser humano, con todos sus sentimientos e ideas es lo primordial en el arte de Vigeland, que plasmó en este parque, su obra magna. Aquí es posible apreciar su faceta como paisajista, escultor y arquitecto. Además, dada la enorme riqueza de obras, el lugar se ha convertido en el mejor museo sobre su manera de entender el sentido de la vida.

El parque tiene una extensión de 32 ha, aunque la zona planeada por Vigeland se recorre en un hermoso paseo de una hora.

El diseño del parque atiende a principios estéticos y paisajísticos planificados y cuyo aspecto final, que hoy disfrutamos, es el producto de años de elaboración y reelaboración. El planteamiento artístico gira en torno al ciclo de la vida; es una reflexión cronológica sobre la existencia humana, por eso es aconsejable comenzar la visita por el **Portal Principal**, donde destaca el trabajo de hierro forjado de la rejería. Desde ahí se percibe la línea que recorre y vertebra el parque, plantado de tilos y castaños, que nos lleva hasta el **puente,** donde destacan a ambos lados sendas esculturas del dragón, en un lado luchando con un hombre y en el otro, entrelazado con una mujer.

A lo largo del puente y a ambos lados se sitúan 57 esculturas en bronce representativas de la pareja y la crianza, en donde destaca el famoso niño enojado, el **Sinnataggen.** Al final del puente está el laberinto, diseñado en mosaico de granito negro y blanco, con una verdadera entrada y una salida, que lleva un buen rato encontrar y seguir.

La obra más antigua es **La fuente de la vida**, con 60 bajorrelieves con tiernas imágenes sobre la infancia y juventud y la senectud. En el centro, de donde brota el agua, seis gigantes sujetan un enorme escudo. Desde la fuente suben unas escaleras, que tienen unas interesantes rejerías en hierro con más figuras a ambos lados y que dan entrada a la plaza más emblemática y posiblemente la obra singular del escultor: el **monolito** esculpido en un único bloque de granito de casi 200 toneladas de peso y 17 m de altura. Fue terminado en 1943 sobre una formidable pieza traída de Iddefjorden. En él aparecen 121 figuras humanas que, de abajo a arriba, van rejuveneciendo como una ola de vida, coronado por un grupo de niños pequeños. Alrededor hay más figuras con escenas de la vida adulta en actitudes y expresiones cotidianas, algunas de ellas profundamente simbólicas.

El último elemento escultórico del parque es el **reloj solar y zodiaco,** que redunda aún más en la idea del ciclo de la vida. Ya fuera del parque se encuentra, casi como colofón, uno de los cementerios más grandes de la ciudad.

◀ Esculturas del Parque Vigeland, obra maestra de este artista.

Glaciar Jostedal

3

El pasado geológico y el clima de Noruega han hecho posible la pervivencia del glaciar más extenso de la Europa continental: el Jostedal, que, con 486 km² y más de 60 lenguas, tiene un tamaño equivalente a Andorra.

Info

📷 142 (C2)
🌐 www.jostedal.com
🏠 **Bøyabreen** cuenta con un interesante centro de interpretación sobre los glaciares, el **Norsk Bremuseum,** que además funciona como Oficina de Turismo (www.bremuseum.no).

▲ Briksdalbreen, una porción del glaciar más grande de Europa.

Un glaciar es una acumulación de hielo y nieve que se perpetúa sin derretirse estacionalmente y que se mantiene en movimiento. Son altamente dependientes del clima planetario y hoy en día están retrocediendo, debido a la era industrial, más rápido que nunca. Aún, en muchos puntos altos, el Jostedal supera los 500 m de grosor y el hielo, azulado por la presión, se ve lentamente atraído por la gravedad hacia cotas más bajas. Este movimiento arrastra rocas que quedan incorporadas en el hielo como muelas –las morrenas– y que van puliendo el terreno y creando hoces y cavidades modeladas que marcan el paso del glaciar.

Enclavado en el Parque Nacional Jostedalsbreen, su punto más alto se halla a más de 2.000 m de altura y el más bajo a 350 m. A esos puntos bajos, finales de las lenguas del glaciar, es adonde se puede acceder a pie tras bonitas caminatas no muy exigentes de entre una y tres horas, en un entorno natural impresionante, donde los ríos, lagos y las cascadas acompañan al inmenso coloso de hielo.

El punto indicado para esta excursión es **Briksdalbreen,** en el valle de Olden. Se llega por la estrecha carretera Fv724, que recorre el valle, dejando a los lados campings y que llega hasta el aparcamiento donde hay un pequeño complejo con tienda, restaurante y hostal. También es posible hacer el recorrido hasta el lago glaciar en unos vehículos guiados. En todo caso, el paseo a pie resulta cómodo y muy entretenido (▶94).

En 30 minutos se pasa por una cascada, en donde hay una zona de escaleras y desde ahí mismo ya se percibe el Briksdalbreen con una panorámica completa. Si nos fijamos por el camino, hay bastantes puntos interesantes con explicaciones sobre la historia del glaciar que nos acercan al límite donde comienza el parque natural y a unos pasos estamos en el lago que se forma con el deshielo del glaciar y que es el punto más cercano al que podemos llegar. La fauna es silvestre y no es raro encontrarse hurones y otros pequeños mamíferos. Con un poco de suerte, sobre todo en verano, quizá podamos asistir a uno de los espectáculos de la naturaleza más impresionantes: cuando el glaciar crepita.

Sognefjorden

Es uno de los fiordos más visitados y reconocido por la Unesco como Patrimonio visual de la Humanidad. Lo más fácil es llegar desde Bergen navegando o directamente desde los muelles de Flåm, Gudvangen o desde el norte, Kaupanger o Leikanger.

4

El nombre de Sognefjorden se ha latinizado como el "Fiordo de los Sueños" y no es para menos, aunque el nombre se lo deba realmente a uno de los reinos históricos de Noruega, el reino de Sogn, y por extensión a su región. Los enormes hielos, de más de 3 km de espesor que erosionaron la zona han modelado el fiordo más largo (tras el Scoresby Sund en Groenlandia), profundo y visitado del mundo. Tiene cerca de Høyanger una profundidad de más de 1.300 m y se adentra en tierra firme más de 200 km, dejando auténticas paredes de más de 1.000 m de altura de piedra natural que sobresalen desde sus orillas. Las vistas de pasos tan estrechos con cumbres tan verticales resulta sobrecogedor, más aún imaginar las vidas de los habitantes de algunas granjas que casi penden de la montaña.

▼ Vista del Sognefjorden.

Los trayectos en barco por sus dos brazos más meridionales, el Naeroyfjorden y Aurlandsfjorden, suelen durar entre 2 y 3 horas entre Flåm y Gudvangen, parando a veces en Undredal y/o Aurland y ofrecen una síntesis de los paisajes que encontramos por todo el brazo más grande, el Sognefjorden, del que son tributarios. Algunos barcos aprovechan para relatar, por megafonía y en varios idiomas y a través de aplicaciones móviles, los puntos más destacados del recorrido, como cascadas o granjas, pero lo cierto es que la sola contemplación de la acción de la naturaleza copa la información que percibimos.

A veces, algún cardumen de delfines y de otros pequeños cetáceos acompañan a los barcos, al igual que chorlitejos y gaviotas, que sueñan con los bocadillos de los turistas embelesados ante un paisaje estremecedor (▶91).

Info

🕐 142 (C1)
🚢 Compañías con trayectos por el Sognefjorden, Naeroyfjorden y Aurlandsfjorden: www.fjord1.no También se puede llegar navegando desde Bergen.
🖥 Información general en www.sognefjord.no
ℹ️ Ofic. Turismo Aurland, telf. 91 79 41 64; Flåm: 95 43 04 14.

Holmenkollen

5

Con más de 120 años de historia, es el trampolín más famoso en el mundo de saltos de esquí. Todos los años por marzo, se celebra aquí la más importante prueba mundial de este deporte del que los noruegos son fanáticos seguidores y que es retransmitida por televisión a numerosos países. Es tal su importancia que el Festival de esquí de Holmenkollen se conoce popularmente como el "segundo día nacional de Noruega".

Info

⊙ 142 (C2)

Museo de Esquí y torre del trampolín de saltos:
✉ Kongeveien 5
⊙ Desde octubre hasta abril: de 10 a 16 h.
Mayo y septiembre: de 10h a 17 h. Junio, julio y agosto: de 9 h a 20 h.
🚇 Tbanen línea 1, parada Holmenkollen. Unos 45 min desde el centro de Oslo.

Tirolina:
☎ Reservas: 220 83 000.
⊙ Cierra en invierno.
💶 730 Kr.

Simulador de salto:
☎ Reservas: 900 12 046.
💶 95 Kr.

Desde el siglo XIX la zona se convirtió en un reclamo muy atractivo para los amantes del esquí en cualquiera de sus modalidades, por lo que ha sido reconocido siempre como el centro mundial de este deporte. En 1892 y ante 12.000 espectadores ya se celebró un campeonato combinado, en el que los deportistas competían en dos pruebas. La primera era de esquí de fondo y la segunda, saltos desde un tosco trampolín de ramas. Los saltadores se situaban cada vez más atrás para ganar impulso, por lo que se añadieron andamios y sujeciones para ampliar el tramo de preparación del salto. En los años 30 se inauguró la primera estructura sólida, íntegramente construida en madera.

Con la celebración de los Juegos Olímpicos de 1952 se construyó un nuevo trampolín en hormigón con ascensor para que subieran los atletas, así como gradas para el público, y sitios especiales para el jurado. En aquella ocasión asistieron entre 120.000 y 150.000 espectadores, récord que aún se mantiene. Durante los 60 y 70 del siglo XX se produjeron mejoras y ampliaciones de las instalaciones y se instaló en la parte baja el **Museo del Esquí**.

▶ Entre los saltadores se tiene un enorme respeto a ser el primero en comenzar la prueba. Dicen que el miedo escénico es enorme y la sensación de vacío casi imposible de calmar. Vista frontal en verano.

En 1974 saltó la primera mujer y hasta 1980 no se superó la barrera de los 100 m de salto, lo que supuso una auténtica revolución técnica de la disciplina, pues se empezó a volar con los esquíes en V en vez de en paralelo. En 2011 se construyó el moderno complejo Holmenkollen, un auténtico templo del deporte, protegido del viento y que ha llevado a saltar en la actualidad hasta 140 m.

El Museo del Esquí rinde tributo a este deporte, que comenzó siendo un medio de transporte eficaz para estas latitudes. Dicen que los niños noruegos aprenden a andar y esquiar a la vez.

En la exposición hay primitivas tablas de madera (la palabra "ski" en lenguas ancestrales nórdicas significa tronco de leño), que eran utilizados para tal fin desde el 4000 a.C. También hay una biblioteca con amplia documentación sobre las expediciones polares y los equipos que usaron Nansen y Amundsen. El museo también alberga exposiciones sobre el esquí en la historia olímpica.

Además de visitar las impactantes instalaciones, podemos realizar algunas actividades inolvidables como descenso desde el trampolín en tirolina, lo más parecido a la experiencia de saltar con esquíes, con una longitud del descenso de más de 360 m. No es para todos los públicos pues realmente resulta una experiencia extrema, aunque segura. Y también, igual de impactante es el simulador de salto, donde sin riesgos, podemos fantasear con la idea de volar como estos campeones.

▲ El emblemático trampolín en invierno.

Museo de Edvard Grieg

6

Es lugar de peregrinación para cualquier amante de la música, pero también para hacerse una idea de la vida en esta zona durante el siglo XIX. El paraje es idílico y explica muy bien el universo creativo de este compositor, representante del movimiento nacional romántico en Noruega y figura clave en la historia de la música moderna.

▶ Escultura del famoso compositor Edvard Grieg en su casa-museo.

Info

- 142 (C1)
- Troldhaugsveien 65.
- De may. a sep., de lun. a dom. de 9-18 h. De ene. a abr. de 10-16 h. Los fines de semana cierran antes.
- A unos 9 km al sur de Bergen. En tren ligero o bus núm 53 y 60 hasta la parada de Hop, luego caminando por la calle Troldhaugsveirn dirección norte unos 25 minutos (carteles indicativos).
- http://griegmuseum.no

▌ Pionero musical

Edvard Grieg compuso, entre sus muchas obras de inspiración sobre el folclore y las raíces noruegas, tan de moda en el Romanticismo, la música para una obra de teatro escrita por Henrik Ibsen, *Peer Gynt;* lo que supuso la primera creación de música incidental o de acompañamiento para una pieza literaria. Hoy en día, esto resulta de lo más común con las bandas sonoras del cine.

Junto a su mujer y prima, Nina, que también vivía la música en primera persona, como soprano, residieron aquí durante 22 años y dejaron su impronta en esta parte del fiordo, absolutamente sublime y que ha sido musealizada con rigor y devoción.

El complejo museístico se enclava en la periferia de Bergen, en Troldhauggen, "la colina de los Trolls", a orillas del lago Nordåsvatn, y consta de varios edificios: la casa de los Grieg, el museo con exposición sobre su vida y obra, tienda y con cafetería; y un pequeño auditorio, creado en 1985, que mira al fiordo y donde se celebran conciertos a las 13 h. los domingos en verano. Además se puede acceder al embarcadero y al lugar donde reposan los restos del matrimonio.

Una vez visitado el museo, lo ideal es dirigirse a la casa, situada apenas a 100 m. Las estancias están llenas de recuerdos y objetos personales de la feliz pareja que representa el amor por la música nacional y escandinava. Se conservan infinidad de fotos, el piano que Nina regalase a Edvard por su aniversario y la vidriera de la rosa que él le regalase a Nina, dicen que por todas las veces que olvidó regalarle flores…

Al salir de la casa, se baja por unas escaleras que llevan a la sala de conciertos, presidida por una escultura a tamaño real del compositor, y más abajo, al embarcadero, donde se percibe toda la paz y belleza del lugar.

Frammuseet

Uno de los mejores museos del país, cuenta la historia de las épicas expediciones polares y marinas que se llevaron a cabo entre el siglo XIX y principios del XX.

7

Localizado en la punta de la penínsua de Bygdøy (▶57), en Oslo, este Museo de las Expediciones Polares fue construido ex profeso para albergar dos naves míticas, el *Fram* y el *Gjøa,* de capital importancia para la historia del país y del mundo.

El *Fram* ("Adelante") fue construido en 1893 para la expedición de Nansen (▶18) al Polo Norte. Entre 1893 y 1902 sirvió a Otto Sverdrup para cruzar los mares helados de Groenlandia y Norteamérica, y de nuevo fue capitaneada por Amundsen (▶19) para su conquista del Polo Sur entre 1910-1912. Se puede subir a bordo y ver todo su interior, ricamente explicado. El recorrido lleva desde la borda, hasta la sala de máquinas, pasando por los camarotes, sala de estar y cocinas. Se han cuidado todos los detalles y realmente consigue transmitirnos el ambiente que se vivió durante las campañas exploratorias. Alrededor hay pasillos laterales en tres plantas que explican con fotos, objetos, pantallas y recuerdos todas las expediciones científicas.

En la planta baja, un corredor comunica con otra sala enorme donde está el velero *Gjøa,* usado también por Amundsen, y una sala de cine donde se proyectan documentales sobre las expediciones, el paso del Noroeste y la aurora boreal. El museo incluye juegos interactivos para los más pequeños y una tienda con todo tipo de recuerdos y una selección de libros de la editorial del propio museo muy interesante. Fuera del edificio, a orillas del mar, hay estupendas vistas a orillas del fiordo de Oslo y una zona con bancos y tumbonas, apta para el baño.

Info

- 42 (D1)
- Bygdøynesveien 39.
- De oct. a abr., de lun. a dom., de 10-17 h. Resto del año, todos los días de 09:30 h a 18 h.
- Bus urbano núm 30.
- Ferry desde el muelle detrás del Ayuntamiento (Rådhusbrygge). Hay un cartel visible que pone "To Bygdøy museum, Public ferry". Bajada en la segunda parada, Bygdøynes, tras 15 min. de trayecto.
- www.frammuseum.no

▼ Exterior e interior del Museo de las Expediciones Polares.

Barrio de la Hansa en Bergen

8

Una de las postales más emblemáticas del país son las coloristas casas de madera del barrio hanseático de Bergen. Fue declarado Patrimonio de la Humanidad por la Unesco en 1979, por su interés histórico y por ser una muestra única del urbanismo medieval en Noruega.

Info

- 65 (B2)
- Cierra a las 22 h
- Gratuito
- https://hanseatiskemuseum.museumvest.no/
- Todo es de madera por lo que está prohibido fumar

▌La Liga Hanseática

Fue una asociación comercial y defensiva entre ciudades del norte de Europa, con sede en Lubeck (Alemania), que funcionó desde el siglo XIV hasta mediados del XVII. Fomentó el intercambio y las transacciones por todo el continente. El exclusivo gremio monopolizaba el comercio y tenía reglas muy estrictas para admitir a sus miembros. Empleaban sus propias medidas y pesos, y controlaban el valor de las monedas en metal precioso. Las sanciones y obligaciones fiscales eran iguales para todas las ciudades que participaban de esta federación, lo que dotó a la comunidad hanseática de una unidad de mercado que favoreció la expansión del comercio y un fabuloso enriquecimiento de sus miembros y de sus ciudades y estados.

Ocupa un par de manzanas justo frente a la bahía y se conoce también como barrio alemán o de los colonos. La Liga Hanseática, procedente de Alemania, se instaló en Bergen en 1365. Aprovecharon el enorme vacío que dejó la peste bubónica y mantuvieron con rigor el objetivo de la colonia: comerciar con el bacalao seco que se pescaba al norte pero que se conservaba aquí para su exportación.

Los alemanes construyeron todo un barrio –que en su momento ocupaba mayor espacio que el actual–, donde residían exclusivamente hombres solteros. Estos pasaban duras pruebas de resistencia física y psicológica para obtener la licencia que les acreditaba como miembros del poderoso gremio. Un trabajo de por vida que aseguraba unos pingües ingresos y protección. El barrio fue destruido parcialmente por el fuego en varias ocasiones, pero ha sido siempre rehabilitado y conservado con orgullo.

Las casas de madera, inclinadas por el paso del tiempo, disponían de cocinas (solo se podían encender en invierno) y un patio con pozo que permitía una autonomía total. Cada empresa establecida tenía un local en la zona, entre las estrechas calles, y en algunas casas aún se pueden ver los escudos que se utilizaban como distintivo y marca comercial, como el unicornio, el reno o el venado. En las partes altas se conservan los pilares usados para colgar las poleas que permitían cargar el pescado para su tratamiento y secado, aunque buena parte de los almacenes donde se guardaban han desaparecido. Ver la sala de reuniones del gremio, el **Schøtstuene** y el **Museo Hanseático,** renovados recientemente, es una buena forma de acabar la visita.

Stavkirke

Las stavkirke, literalmente "iglesias de postes", son uno de los legados arquitectónicos y culturales más atractivos que ofrece la historia noruega. Algunas de estas edificaciones, declaradas Patrimonio de la Humanidad por la Unesco, tienen más de 900 años de antigüedad.

9

Durante la Edad Media hubo miles de estas iglesias por el país, pero para mediados del siglo XIX solo quedaban en pie unas 70, de las que apenas una veintena –gracias a distintas sociedades filantrópicas– han llegado hasta nuestros días.

Muchas de estas iglesias de madera se enclavan en los mismos lugares donde se celebraban antiguos ritos religiosos y mágicos. Las primeras iglesias de culto cristiano, construidas entre 1100 y 1350, eran apenas unos postes de madera con un alero, normalmente de forma circular en su planta, pero luego fueron sustituidas por construcciones más elaboradas.

Destacan el conjunto de tejados escalonados, que las asemeja a pagodas, las decoraciones de dragones o seres mitológicos y hasta las tejas, hechas a medida para cubrir cada espacio. Para su conservación son recubiertas anualmente de brea, lo que explica su tonalidad tan oscura. En todo caso son un ejemplo muy ilustrativo del conocimiento de las técnicas de carpintería y ebanistería que viene de una tradición relacionada con la construcción de barcos.

Las stavkirke que se conservan pueden ser visitadas. En su interior, con un poco de atención se vislumbran los rastros de ampliaciones y modificaciones que se han producido a lo largo de tan dilatada vida, como la conversión del país al luteranismo en el siglo XVI. En algunas de estas iglesias se conservan valiosas pinturas policromadas y tallas de madera medievales.

Sobresale la **iglesia de Gol**, situada en el **Norskfolmuseum** en Oslo, a donde fue trasladada. Otras iglesias de madera interesantes son las de poblaciones de **Lom**, **Ringebu**, **Borgund** y **Ulmes**. Si bien solo esta última está inscrita en la lista de lugares patrimonio de la Humanidad por la UNESCO, las demás no son menos en belleza e interés.

Info

Norsk Folkemuseum

- 42 (D1)
- Museumsveien 10.
- 221 23 700.
- De ene. a abr., cierra los lunes de 11-16 h, resto del año 10-17 h todos los días.
- www.norskfolkemuseum.no

▲ Iglesia de Gol (siglo XIII), en el Museo del Folclore Noruego, en la península de Bygdøy, Oslo.

Preikestolen (El Púlpito)

Una de las imágenes más famosas del país es la que brinda la excursión al Preikestolen, el Púlpito de Piedra. Se ha convertido en uno de los reclamos turísticos más importantes del país y ha abierto la ciudad de Stavanger a millones de visitantes anualmente.

Info

142 (D1)

En el párking hay servicios, hostal con cafetería (con alquiler de material de montaña), tienda de souvenirs y puesto de emergencias y de información a los visitantes. Conviene seguir sus indicaciones a pies juntillas.

Está realmente saturado y buena parte de su magia se pierde por la masiva afluencia de visitantes (más de 200.000 cada verano). Se trata de una plataforma de piedra de de 25 metros de ancho y largo, unos 600 m cuadrados) encaramada a 604 m sobre el nivel del mar y que se asoma al precioso "fiordo de la Luz", el **Lysefjord**. El lugar es realmente espectacular, aunque las vistas no están garantizadas, pues el tiempo puede cambiar rápidamente.

Este fiordo, ya muy cercano al Mar del Norte, es muy diferente de los que se hallan cerca de Bergen. Llegar hasta el lugar donde comienza la ascensión al Preikestolen es fácilmente accesible en bus, pero realmente, para sacar provecho de la visita, lo aconsejable es navegar primero por el fiordo de Lyse y después hacer la subida al Púlpito. Existen varias compañías que realizan un paseo en barco por el fiordo (información en la Oficina de Turismo, en el mismo puerto). Para la excursión completa hay que calcular casi una jornada completa (media para los muy madrugadores), además de estar bien preparado físicamente y vestir ropa adecuada.

La excursión al Púlpito discurre por un sendero de cierta dificultad, que suponen algo más de 8 km en total, ida y vuelta. Tiene una elevación de solo 350 m desde el parking pero con cambios de pendientes, que aumenta el desgaste físico. Algunos tramos son bastante empinados, está salpicado de piedras y hay varios tramos de importante inclinación y algún obstáculo en forma de roca que hay que salvar usando incluso las manos. Todo el camino está bien indicado y hay que irse fijando en las marcas de la distancia recorrida. Durante el ascenso hay zonas de descanso y hasta un laguito donde alguno se atreve a mojarse los pies. El último tramo, con piedras más pequeñas, nos lleva hasta la famosa plataforma donde no conviene quedarse mucho tiempo tras la foto. El lugar es pequeño y está muy azotado por el viento. Si las nubes lo permiten, la vista es realmente espléndida.

En los alrededores del Púlpito, subiendo un poco más, hay otros lugares fácilmente accesibles y que permiten una panorámica también del propio Púlpito, no menos espectacular. Ojo, porque **no hay vallas ni defensas para evitar las caídas,** por lo que desgraciadamente casi cada año se produce algún accidente fatal. Es peligroso también por la enorme cantidad de gente que circula, a veces sin cuidado, por las inmediaciones.

El descenso hay que tomarlo con más cautela si cabe, pues el cansancio, la confianza, el exceso de gente y las cambiantes condiciones meteorológicas lo hacen más proclive a causar lesiones.

Al comienzo de la senda, en el párking, hay un cartel informativo de la dificultad de la ruta. A un ritmo tranquilo se emplean entre 2 horas y 2 horas y media para subir, el mismo tiempo para bajar. Si le sumamos algunas paradas, algún imprevisto y un descanso con comida arriba, la excursión a pie hasta el Preikestolen nos tomará al menos 5 horas. Conviene tener muy controlados los tiempos, no forzar la marcha y nunca olvidarse de que, en la montaña, prima la solidaridad y la ayuda sobre todo lo demás.

El recorrido desde **Stavanger** se ha simplificado notablemente con la construcción del túnel subacuático de Ryfast desde la ciudad hasta el norte del Lysefjord, donde continua una carretera hacia los parking de Preikestolen. También se puede llegar en el barco de paseo sobre el Lysefjord con parada en el pequeño muelle de Lauvik, desde donde hay conexión en bus (20 min.) hasta el parking principal.

❙ Pendiente de un hilo

El saliente de roca está pendiendo de la montaña y la geología asegura que tarde o temprano se caerá al fiordo. Cada año se hacen mediciones al respecto sin mayor novedad, aunque la leyenda dice que caerá el día que siete hermanos se casen con siete hermanas.

▼ El Púlpito, un mirador de vertigo sobre el fiordo de Lyse.

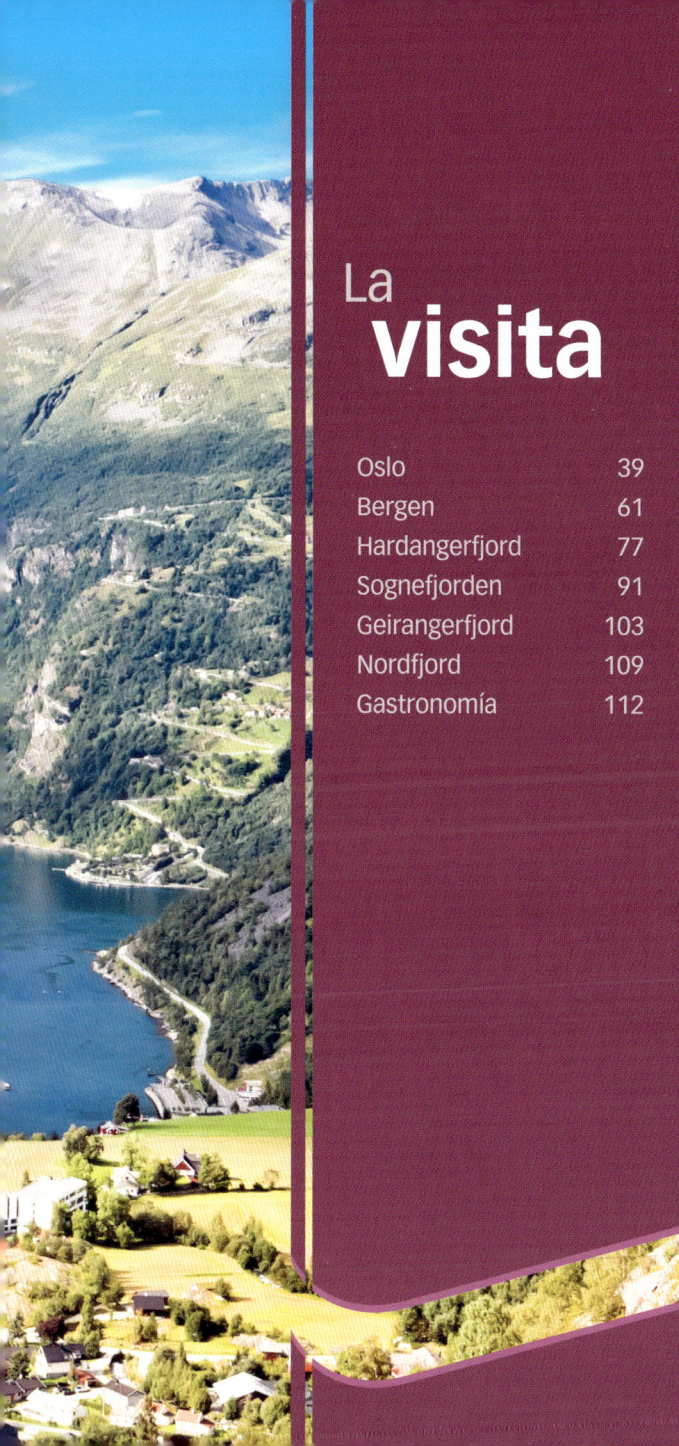

La
visita

La **esencia** de **Oslo**

En el interior de un profundo fiordo y rodeada de bosques, la capital vikinga ha conseguido deshacerse de su fama de ciudad fría, oscura y desapacible gracias a un esmerado plan que ha mejorado la calidad de vida y los servicios de los ciudadanos sin olvidar su necesidad de ocio, cultura y disfrute de la increíble naturaleza que les cincunda.

Oslo

La capital europea que más ha crecido en tamaño y población en los últimos diez años –aunque no llega a 700.000 habitantes– es una ciudad moderna, cosmopolita, amena, cómoda, limpia y sorprendente en los pequeños detalles. Atrás quedaron los años en los que Oslo era el patito feo de las capitales nórdicas. Hoy está viviendo un importante cambio de imagen programado y perfectamente planeado: nuevos museos, bibliotecas y barrios sustituyendo antiguos hangares y zonas portuarias. La capital tiene su propia voz y ritmo y la vida cultural ofrece posibilidades para todas las edades y gustos. Los oslenses llevan con orgullo que la ciudad no crecerá ya más en extensión debido a los bosques que la rodean y que son parques naturales y patrimonio inalienable que sus habitantes usan a diario, en invierno copado por el esquí de fondo y en verano por paseantes.

Podemos visitar a pie o bicicleta, de forma independiente, varias zonas de la ciudad, con diferentes atractivos y que además nos explican su historia casi por sí mismas. El centro está vertebrado por el bulevar y zona peatonal de la Karl Johans Gate, junto con una pequeña península detrás del Ayuntamiento. Al este del río Akerselva se extienden la zona tradicional de la clase trabajadora, revitalizada con el barrio bohemio de Grünerløkka, y el Oeste, más señorial, con el Parque Vigeland y la península de los museos, de visita obligada.

Oslo Pass

Oslo Pass es válida para 24, 48 o 72 horas, con un coste de 42, 62 y 77 € aproximadamente, y permite viajar en todos los transportes públicos (metro, autobuses, tranvías, trenes y transbordadores locales), y entrar gratuitamente a museos y atracciones. Cualquier persona que compre la tarjeta puede realizar también un crucero de un día, una visita guiada a pie, aparcar en los estacionamientos municipales y entrar a las piscinas al aire libre de la ciudad.

◄ Aker Brygge, antiguo embarcadero, se ha reconvertido en una zona comercial y de ocio.

▼ Moderna arquitectura el barrio de Bjorvika: el Barcode o Código de barras.

EL CENTRO-BRYGGE

▎ RÅDHUS   ***

● ● ● ● ● ● ● ●

🚌 42 (C2)

✉ Fridtjof Nansens plass.

🕐 234 61 200

🚇 Metro Stortinget.

🔖 www.oslo.kommune.no/
radhuset/

ℹ Se puede visitar sin guía
todos los días de 9-16 h,
pasando un control de
seguridad. Visitas gratuitas
y guiadas en inglés durante
el verano, a las 10, 12
y 14 h, de unos 45 minutos.

▼ Fachada y dependencias
del ayuntamiento de Oslo.

El **Ayuntamiento** es uno de los edificios más emblemáticos de Oslo y punto referencia para comenzar la
visita. Diseñado por los arquitectos Arnstein Arneberg
y Magnus Poulsson, su construcción comenzó en
1933 y no se terminó hasta 1950, coincidiendo con
el 900º aniversario de la fundación de la ciudad. Es un
edificio compacto, de fachada de ladrillo oscuro y dos
torres, con un reloj enorme de casi 9 m de diámetro.

Por su solidez, hay quien le ve cierto parecido
con una iglesia medieval pero su aspiración fue ma-
terializar el peso del poder municipal y mostrarse
como casa del pueblo. Su interior avala esta teoría
pues se trata de un auténtico museo con materia-
les nacionales y autores noruegos. En la entrada,

además de la fuente de cisnes, hay dos soportales con curiosos bajorrelieves en madera policromada que representan escenas de la mitología nórdica.

Siempre que no haya reuniones u otros actos oficiales, se puede visitar el interior (acceso gratuito), donde se reúne el pleno consistorial. En la planta superior se lleva a cabo el más importante acto cada 10 de diciembre: la entrega del Premio Nobel de la Paz. La cena de gala tiene lugar en la **Sala de Ceremonias,** en la planta baja y con un gran mirador hacia el mar. Toda la sala está decorada con pinturas murales de artistas noruegos que nos hablan de algunos de sus grandes héroes nacionales como el explorador Nansen o el escritor Bjørnstjerne Bjørnson. En el recorrido también destacan algunas pinturas de Munch y el impresionante óleo de *El pueblo en el trabajo y en la fiesta* de H. Sorensen. Al otro lado del edificio, en su cara sur, hay una fuente con seis esculturas en bronce que representan a los trabajadores en distintas tareas de la construcción del edificio.

▲ Llama eterna.

￭ RÅDHUS BRYGGE ★★

Detrás del edificio del consistorio hay una zona ajardinada que se une con un pequeño muelle para barcos recreativos. Se encuentra una **fuente** con un grupo figuras femeninas y niños en el centro, y más adelante, casi en la orilla, la **llama eterna,** uno de los símbolos de la ciudad como defensora de la paz entre los pueblos, junto a la **escultura de Sri Chimnoy,** maestro espiritual bengalí y activista por la concordia entre las naciones muy admirado en el país.

Desde esos **muelles** salen los barcos de transporte público (los tíckets se venden en un kiosco en medio de los embarcaderos) que llevan a distintos puntos de la costa, la península de Bygdoy e islas cercanas del Oslofjord, y también comienzan y terminan sus paseos los barcos turísticos que realizan travesías por el fiordo de Oslo, muy recomendables para obtener la mejor postal de la capital noruega vista desde el mar.

￭ DOGA: NORSK DESIGN
OG ARKITEKTURSENTER ★★

Situado en un antiguo edificio de uso industrial, el Centro Noruego de la Arquitectura y el Diseño es un lugar de exposiciones temporales cuya temática versa sobre el diseño y la búsqueda de soluciones a los desafíos climáticos que se avecinan. Un lugar pleno de actividad que marca el pulso de la ciudad en lo tocante a instalaciones artísticas y futuros proyectos ambientales.

¿Sabías que…?

Christian IV (1577-1648), rey danés gran amante de Noruega, fundó Kongsberg, Kristiansand y Christiania –posteriormente Oslo. Se preocupó por el urbanismo y la arquitectura, priorizando el uso de la piedra en lugar de la inflamable madera.

- - - - - - - - -

⊘ 45 (B2)
✉ Nedre Vollgate, 4
☎ 232 92 870
⊙ Horario según exposiciones.
⌂ https://doga.no/

OSLO I

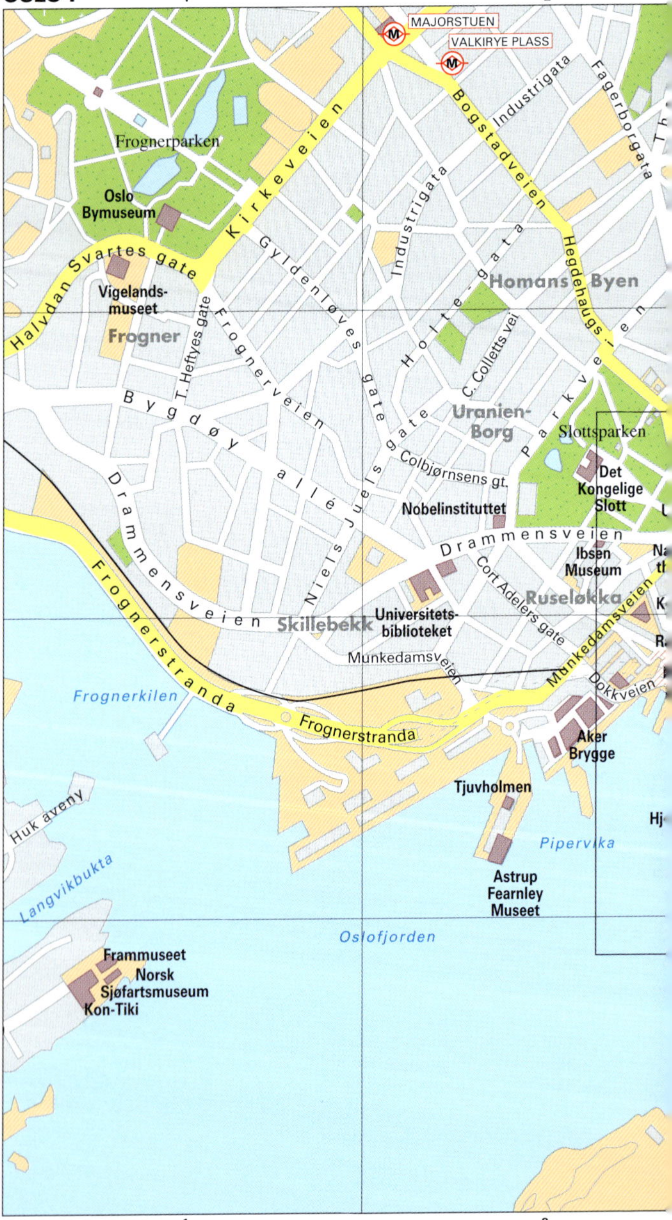

Frognerparken

Oslo
Bymuseum

Kirkeveien

MAJORSTUEN

VALKIRYE PLASS

Industrigata

Bogstadveien

Hegdehaugs

Fagerborggata

Gyldenløves gate

Homans Byen

Halvdan Svartes gate

Vigelands-
museet

Frogner

T. Heftyes gate

Frognerveien

Bygdøy allé

Holtegata

C. Colletts vei

Uranien-
Borg

Parkveien

Slottsparken

Det
Kongelige
Slott

Niels Juels gate

Colbjørnsens gt.

Nobelinstituttet

Drammensveien

Drammensveien

Ibsen
Museum

Ruseløkka

Cort Adelers gate

Munkedamsveien

Skillebekk

Universitets-
biblioteket

Munkedamsveien

Frognerstranda

Frognerkilen

Frognerstranda

Dokkveien

Aker
Brygge

Tjuvholmen

Pipervika

Hj

Huk aveny

Astrup
Fearnley
Museet

Langvikbukta

Oslofjorden

Frammuseet
Norsk
Sjøfartsmuseum
Kon-Tiki

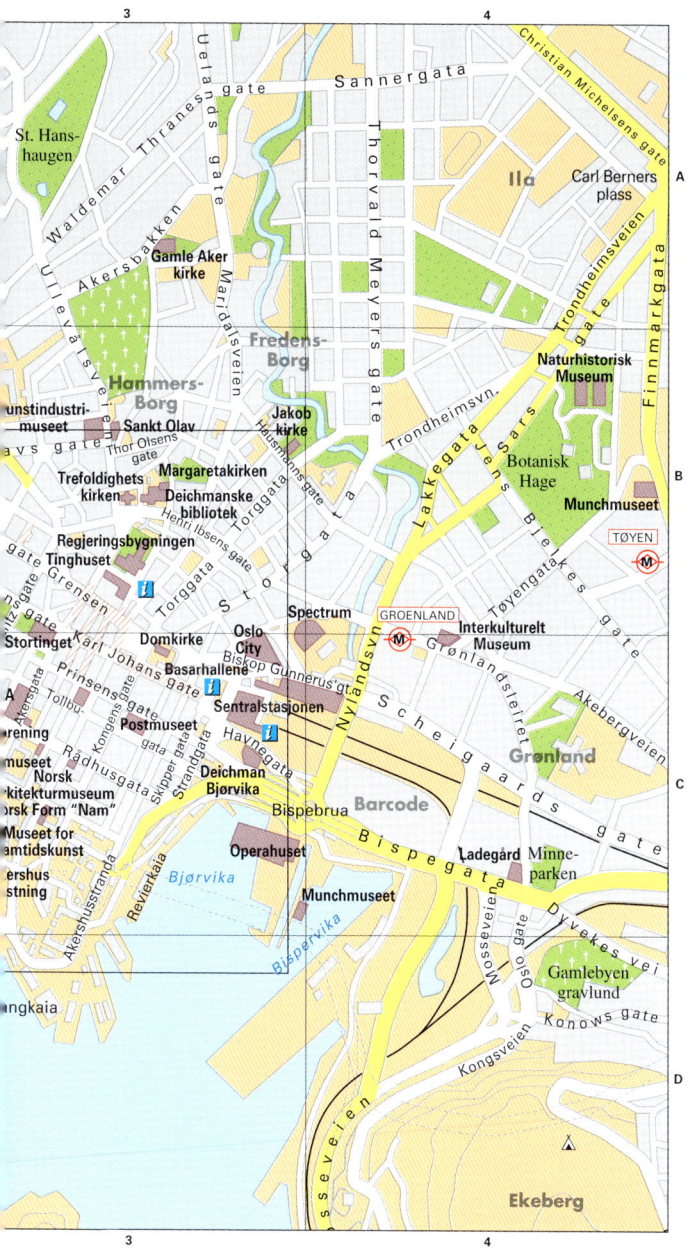

UN PASEO A PIE

Distancia
1,4 km

Tiempo
1 hora

Punto de partida
Palacio Real

Punto de llegada
Estación central de trenes

Por Karl Johans Gate

❙ El centro histórico que se extiende desde el Ayuntamiento hacia el norte, lo recorre la calle Amundsen, que desemboca en la calle principal, un amplio bulevar llamado Karl Johans Gate, que recorre en dirección este-oeste desde del Palacio Real hasta la Estación de tren Central, pasando por la Catedral, el Parlamento, el Teatro Nacional y el Rectorado de la Universidad…

El **bulevar de Karl Johans Gate** fue mandado construir en 1815 por el rey Bernadotte, antiguo mariscal de Napoleón –con el que también compartió novia, Désirée Clary, que a la postre se convertiría en reina de Suecia–, con el deseo de embellecer Christiania y vertebrar su centro. Hoy es la calle más transitada de la ciudad y el mejor escaparate de la vida de Oslo. Hay animación a todas horas y aunque cara, es un lugar perfecto para empaparse del ambiente de la ciudad y quizá encontrar algún recuerdo.

❙ En el oeste de la calle encontramos el **Palacio Real** con la estatua ecuestre de Bernadotte. desde ahí caminando hacia el este, aparece el **Teatro Nacional** (▶49) en el centro del bulevar, y al norte de este el antiguo Rectorado de la Universidad (▶49).

Toda esa zona del bulevar está siempre muy animada con terrazas y bares. La zona ajardinada del centro del bulevar resulta refrescante en los días que el sol más caliente y un lugar ideal para jugar con la nieve en invierno.

❙ En la zona este del bulevar encontramos el **Parlamento** (▶51), casi como contrapunto del poder monárquico y que equilibra el bulevar. Al lado del Parlamento también hay un par de **placitas peatonales** (▶51), pequeños espacios verdes que siempre tienen animación.

Al lado del Parlamento se encuentra el edificio de la Gran Logia y detrás, hacia el oeste, llegamos a la **Catedral,** con algunas tiendas de recuerdos. Enseguida estamos en la estación, justo en frente de la **Opera** y la nueva **Biblioteca Nacional.** Todo el paseo está salpicado de bares con terraza, pubs y algunos restaurantes.

▼ El bulevar Karl Johans Gate.

NASJONALMUSEET ⭐⭐⭐

Inaugurado en 2022, el Nuevo Museo Nacional se ha convertido en el protagonista de la zona por su arquitectura y su tamaño. Engloba parte de las colecciones del museo de la Arquitectura, el museo del Diseño y la antigua Galería Nacional, en un edificio con espacios abiertos, biblioteca, cafetería y una azotea, donde también se exponen instalaciones artísticas temporales y con una preciosa vista del fiordo de Oslo.

Se exponen permanentemente obras de arte, arquitectura y diseño noruego e internacional, además de algunas de las obras más famosas de Munch, Johan Christian Dahl, Thomas Fearnley, Adolf Tidemand o Christian Krohg.

- 45 (B1)
- Brynjulf Bulls plass, 2.
- Martes y miér. de 10-20 h, resto de días menos lunes, de 10-17 h.
- 219 82 000
- www.nasjonalmuseet.no.
- Adultos: 200 NOK.

OSLO II

NOBELS FREDSSENTER ★★

El **Centro de Estudios del Nobel de la Paz** está dedicado a la organización de eventos que promocionen la paz y la concordia como elementos para solventar las crisis y las disputas internacionales.

Se puede visitar una exposición permanente sobre la vida de este filántropo, inventor de la dinamita, que creó los premios en 1895 según una de sus últimas voluntades y que llevan su apellido. También se hace un interesante recorrido por los galardonados desde 1901 en alguna de sus categorías originales (Medicina, Física, Química, Paz y Literatura).

- 📷 45 (B1)
- ✉ Radhusplassen.
  Situado justo al principio del Aker Brygge.
- 🕐 Consultar horarios porque cambian cada trimestre; por lo general de martes a domingo de 11-17 h.
- 🚇 Stortinget.
- 🌐 www.nobelpeacecenter.org
- 💶 160 NOK

AKER BRYGGE Y TJUVHOLMEN ★★★

La zona del viejo puerto fue modernizada durante los años 80 y hoy se ha transformado en un agradable paseo, conservando su interesante estilo arquitectónico industrial. Está plagado de restaurantes, terrazas e incluso barcos-restaurante. Hay también pubs y discotecas, un centro comercial y mucha gente paseando a cualquier hora, aunque cuando más bulle es al atardecer del fin de semana, con cientos de jóvenes de todas las procedencias y culturas.

Más adelante del Aker Brygge se encuentra la **isla de los Ladrones,** el Tjuvholmen, conectada con el muelle mediante un **puente peatonal.** Aquí destacan modernos edificios de acero y vidrio, galerías de arte y más bares nocturnos: el lugar está de moda y en franca expansión.

- 📷 42 (C2)

ASTRUP FEARNLEY MUSEET FOR MODERNE KUNST ★★★

Situado en la isla de los Ladrones, se ha convertido en uno de los edificios más admirados de la ciudad, obra de Renzo Piano. Tiene un curioso planteamiento constructivo pues se encuentra dividida entre dos aguas, por un canal. El edificio está construido en madera y hormigón y presenta una cúpula doble de vidrio inspirada en el velamen de los barcos. La entrada, a través del puente peatonal, nos transporta a la arquitectura industrial de los astilleros, cuyo lugar ya ocupan barrios de viviendas también muy recientes y que se pueden contemplar desde el mirador.

- 📷 42 (C2)
- ✉ Strandpromenaden, 2.
- 🕐 Mar., mié., vie. de 12-17 h, jue. hasta 19 h, sáb. y dom. de 11-17 h. Los horarios se amplían durante el verano.
- 🚇 Nationaltheatret Station.
- 🌐 www.afmuseet.no
- 💶 Precio medio.

La colección permanente se centra en artistas noruegos contemporáneos pero también incluye internacionales como Francis Bacon o Davis Hockney entre otros. En otras salas, al otro lado del canal, se exponen colecciones temporales de arte moderno.

▲ Efigie de Alfred Nobel en la fachada del Centro de la Paz.

POR EL BULEVAR KARL JOHANS GATE

I IBSEN MUSEET ★★

Dedicado a la figura del gran poeta y dramaturgo nacional. A pesar de no haber recibido nunca el Nobel de Literatura –aunque a otros se lo concedieran con muchos menos méritos–, sus escritos transformaron radicalmente el mundo del teatro. Hay un antes y un después de él, y sus temas siguen teniendo vigencia e importancia; sobre todo en lo referente a la lucha por la igualdad de las mujeres. Sus obras realizan una precisa crítica de la hipócrita sociedad de la época, con temas como la alienación ética, la pérdida de fe en Dios y los oscuros métodos de la iglesia. Es el padre del teatro como arma de concienciación y denuncia, del que han bebido todos los dramaturgos posteriores.

El museo está instalado en el edificio donde vivió sus últimos años, desde 1895 hasta 1906. Aunque su apartamento se encontraba en la cuarta planta, todo el edificio fue rehabilitado para tal fin. Es un museo pequeño pero lleno de recuerdos personales que nos trasladan a esa época de lucha cívica por la independencia de su país. En la sala de entrada hay un buen resumen de su vida y en las dos plantas superiores, un recorrido por su obra y la difícil relación de amor-odio con su país (en esa época, dependiente de Dinamarca). De hecho, uno de los aspectos más destacados de su obra es su "rebeldía", al escribirlas y representarlas en *bokmål*, a contracorriente de sus contemporáneos.

⊙ 42 (B2)
✉ Henrik Ibsens gate, 26.
⊙ Abierto todos los días de 11-18 h.
🖥 www.ibsenmt.no

▲ Astrup Fearnley Museet.

▼ Estatua de Ibsen junto al museo.

▲ Escena de la ceremonia del cambio de guardia.

●●●●●●●●●

🆔 42 (B2)
🏛 Solli Plass, Henrik Ibsen Gate, 110.
🕐 De lun. a vie. de 9-21 h, sáb. de 10-18 h. Pueden cambiar los horarios entre verano e invierno.
💻 www.nb.no
🎫 Entrada gratuita.

●●●●●●●●●

🆔 42 (B2)
🕐 De 10-12.30 h del 18 de jun. al 23 de ago., cada 20 minutos y de una hora de duración, algunas en inglés.
💻 www.kongehuset.no

❙ NASJONALBIBLIOTEKET ✦✦

Muy cerca del Museo Ibsen se sitúa otro de los lugares de interés de la ciudad. Surgió como Biblioteca Universitaria y ofrece un interesante bagaje cultural de la historia de Noruega. En la colección que se puede visitar en la actualidad, podemos encontrar además de libros, películas, música, fotos y partituras, un extenso programa de actividades culturales con conciertos, presentaciones de libros y tertulias literarias. El interior merece una visita por los frescos de Emmanuel Vigeland, Revold y Krohg, que se pueden disfrutar en la agradable cafetería A.

❙ DET KONGELIGE SLOTT ✦✦

El elegante y equilibrado Palacio Real cierra el bulevar Karl Johans Gate por el este y se encuentra rodeado de un hermoso parque, el **Slottsparken,** del que dicen que la jardinería y composición pictórica es obra de la reina consorte Sonja.

El palacio fue diseñado para el rey Bernadotte (Karl Johan XIV) entre 1825 y 1848 y, aunque el rey nunca llegó a vivir en él, sí hay una estatua ecuestre en su honor en la entrada principal. Ha estado habitado desde mitad del siglo XIX (excepto durante la ocupación nazi), y en la actualidad es una de las residencias oficiales de la Corona. Se puede presenciar la ceremonia del cambio de guardia, todos los días, a las 13.30 h, en la puerta del palacio.

◀ Palacio Real (Det Kongelige Slott), presidido por la estatua ecuestre del rey Bernadotte, para quien fue construido.

I NATIONALTHEATRET ✦✦

Es un magnífico edificio de corte neoclásico, construido en el año 1899. En su entrada rinde un sentido homenaje a los dos dramaturgos más importantes de Noruega: Henrik Ibsen y Bjørnstjerne Bjørnson. La estatua de Ibsen se erigió durante su vida, lo que parece que causó cierto enfado al autor, que como buen noruego amaba la discreción.

El interior, recientemente reformado, refleja bien los gustos de la época y pueden ser contemplados únicamente si se asiste a alguna obra, casi todas en noruego. Su emplazamiento, en Johanne Dybwards Plass, es un punto neurálgico para el transporte público de la ciudad. Aquí se encuentran todas las conexiones importantes de tren, metro y autobuses urbanos.

🕐 45 (A1)
✉ Johanne Dybwards plass, 1.
☎ 22 00 14 00
🚇 Metro Nationaltheatret Station.
🌐 www.nationaltheatret.no

I UNIVERSITET ✦

El **Rectorado de la Universidad,** construido a principios de siglo XX, acompasa el bulevar y continua las líneas arquitectónicas del Palacio Real.

En el interior destacan los **frescos de Munch** que decoran el auditorio. Estas pinturas murales, incorporadas en 1916, causaron bastante controversia en su época. Hoy se consideran una de las obras más representativas del autor, que las pintara justo después de su paso por una clínica psiquiátrica de Copenhague.

🕐 45 (A1)
✉ Problemveien, 7.
☎ 228 55 050
🌐 www.uio.no
ℹ El interior no está preparado para visitas pero abre para algunos eventos.

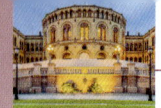

HISTORISK MUSEUM **

- 45 (A1)
- Frederiks gate, 2.
- 228 51 900
- De may. a sep. de 10-17 h, cierra lun.; resto del año de 11-16 h.
- www.historiskmuseum.no
- Precio medio.
- www.oslodomkirke.no

Localizado ligeramente al norte de Karl Johans Gate, en este museo se exponen las antigüedades y obras de arte más notables pertenecientes a la Universidad y la más completa colección arqueológica de todo el país.

El edificio que aloja tan variopinta colección no podía ser menos y es una elegante interpretación neorrománica. Sus fondos incluyen una extensa colección de piezas –armas, utensilios, artesanías, joyas, monedas, sellos, etc.– de diversas culturas, prestando especial atención a la Edad Media, donde destaca la cultura vikinga (que se complementa con el **Museo de los Barcos Vikingos** (▶57), que permanecerá cerrado hasta 2027) y esculturas procedentes de las Stavkirkes, iglesias de postes de madera que datan de los siglos XI-XIII.

DOMKIRKE **

- 45 (B3)
- Storttorvet.
- 236 29 010
- De 10-16 h, vie. hasta las 18 h.
- www.oslodomkirke.no

La **Catedral de Nuestro Salvador** fue consagrada en 1697 aunque modificada sustancialmente en el siglo XIX, incluso tiene añadidos posteriores. Su aspecto exterior, con una poderosa torre cuadrada, se asemeja a una fortaleza, sin demasiadas concesiones a lo estético, aunque cuenta con la

▼ Catedral de Nuestro Salvador.

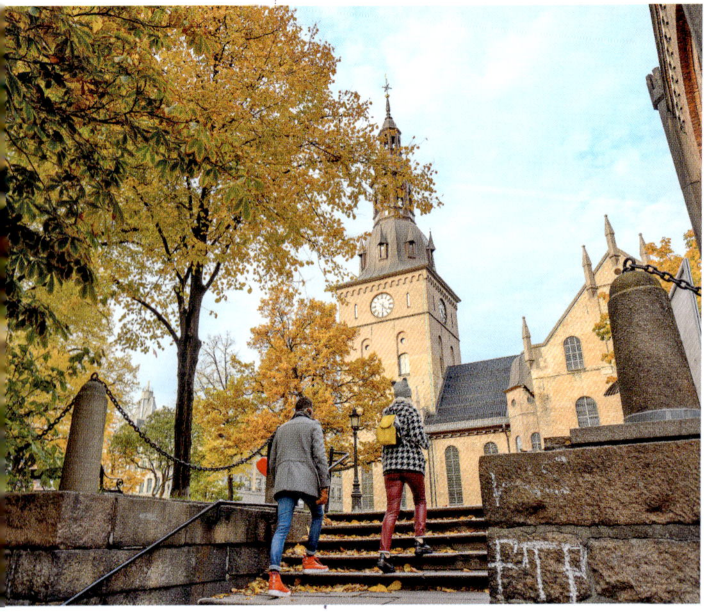

curiosidad de una galería circular, el **Bazar Allene,** que la rodea y que fue construido originalmente como mercado. Hoy esa galería se ha transformado en un espacio para tiendas y restaurantes de comida rápida.

De culto luterano, el interior resulta interesante por las obras que guarda, en especial las **vidrieras,** obra de Emmanuel Vigeland en 1910 (hermano menor del archifamoso escultor), y el **púlpito y altar principal** de estilo barroco del norte.

▎ STORTORVET, PLAZA DEL PUEBLO ✶✶

La Catedral se enclava en una plaza cuadrada que, con el tiempo, ha ido perdiendo importancia, aunque no belleza, pues aún se percibe su intención urbanística original.

Cuando Oslo era apenas un pueblo, este era el lugar de reunión social y donde se celebraba el mercado semanal. Huella de aquello es el mercadillo actual, con puestos acristalados donde se venden flores y plantas. La **estatua de Christian IV** (1577-1648) preside la plaza y bien merece este honor pues fue uno de los pocos reyes daneses que prestó atención al país y cuyo mandato significó cierto progreso para el pueblo noruego.

▎ STORTINGET Y ALREDEDORES ✶✶

Entre Karl Johans Gate y su paralela al sur, Stortingata, flanqueando el parlamento, se encuentran dos pequeñas plazas ajardinadas: **Eidsvoll Plass** y **Wessels Plass,** casi siempre animadas. En invierno se instala una pequeña pista de patinaje (donde se alquilan patines en el quiosco) y en verano, mercadillos y actuaciones callejeras de circo, magia y títeres.

¿Sabías que…?

La llegada del cristianismo a Noruega se produjo en 1015. Olav Haraldson, u Olaf el Santo, reinó hasta 1028 consolidando el poder sobre los distintos caciques locales a los que impuso el cristianismo como única religión y sentó las bases de la organización eclesiástica del país.

🕐 45 (B2)
☎ 233 13 180
🌐 www.stortinget.no
ℹ En verano visitas guiadas en inglés, previa reserva.

▼ Fuentes en Eidsvoll Plass.

· · · · · · · · · ·

- 45 (C1)
- 230 93 917
- www.akershusfestning.no
- Entrada gratuita. abierto de 10 a 16 h en invierno y de 10 a 17h en verano. visitas guiadas sábados y domingos a las 12 y 14 h en inglés.

Akershus Slott
- 23 09 35 53
- www.akershusfestning.no
- En invierno solo sábados y domingos de 12-17 h, en verano también de lunes a sábado de 10-16 h y domingos de 12-16 h. Servicio de audio-guías.

El solemne edificio del **Parlamento,** construido en ladrillo visto pintado de amarillo paja, data de 1860. Es una construcción de estilo ecléctico que recrea el gusto de la época por rememorar tiempos pasados como refleja la inclusion de elementos románicos. Su interior, que puede visitarse, resulta poco protocolario e informal. Resulta curioso ver la manera tan distendida que tienen los noruegos de tomar decisiones legislativas.

En estas salas se elige cada año y se hace público el galardonado con el Nobel de la Paz. Justo enfrente del Parlamento se ubica el mítico **Grand Hotel,** donde hay una suite reservada para la persona o representante de la institución ganadora del millón de euros con el que está dotado económicamente este prestigioso galardón.

EL SUR DEL CENTRO

❙ AKERSHUS FESTNING   ★★★

El imponente edificio ha sido reconocido por la UNESCO como Patrimonio de la humanidad. Es la antigua fortaleza de la ciudad y aunque, en parte, mantiene cierto uso militar y policial, hoy en día tiene otras utilidades.

Ofrece una de las mejores vistas de la ciudad y del fiordo y, en su interior, alberga una gran **maqueta** de Oslo en tiempos de Christian IV, acompañada de explicaciones históricas. Al lado de una de las entradas principales, en Myntgata, está el Centro de Visitantes **(Besøkssentret),** que ocupa un largo edificio de color rojo, original de 1774. Allí se explica la historia de la fortaleza que también fue prisión hasta 1950, destacando la biografía de alguno de sus presos más relevantes.

El castillo-fortaleza **(Akershus Slott)** fue construido sobre el puerto en 1299 bajo el mandato Haakon V Magnusson el Legislador, y aunque sirvió de residencia oficial, no fue hasta los tiempos de Christian IV, casi tres siglos después, cuando se convirtió en un baluarte defensivo. Los añadidos de este monarca transformaron el castillo original en una residencia habitable y de paso mejoró su estructura defensiva, con muros preparados para resistir la artillería de la época. Durante la ocupación nazi se convirtió en el cuartel general de los alemanes en Noruega.

Algunas de sus salas se usan en la actualidad para recepciones oficiales. También es **panteón real,** aunque solo reposan, por ahora, los restos de los monarcas que han reinado desde 1905.

I NORGES HJEM EFRONT MUSEUM ✱✱

Está incluido en el complejo de la fortaleza, junto al emotivo **tributo a las víctimas del nazismo,** un conjunto de sillas vacías que quiere representar a los que nunca volvieron de su arresto y traslado a los campos de exterminio.

En el **Museo de la Resistencia Noruega** no solo se rinde tributo a las víctimas, sino que también sirve de denuncia de aquellos que se convirtieron al nazismo, haciendo especial hincapié en una de las figuras malditas del país, Vidkun Quisling, líder del partido pronazi, así como otros colaboradores y miles de soldados noruegos enrolados en la Wehrmacht. Un buen número de fotografías, documentos, cartas y grabaciones de radio narran la ocupación nazi entre 1940 y 1945.

En los patios que quedan pegados al museo están las caballerizas de la policía urbana. En el patio sur se celebran en verano conciertos de música.

I FORSVARSMUSEET ✱

También se encuentra en el mismo complejo. La exposición del **Museo del Ejército** hace un repaso de la historia militar del país desde la Edad Media hasta la Guerra Fría. Es difícil de seguir las explicaciones sobre las innumerables guerras medievales entre los países nórdicos, más aún cuando se mezclan las cuestiones religiosas por medio, pero la expli-

·········

- 🕙 45 (B1)
- ✉ Bygning, 21.
- 🕙 De sep. a may. de 10-16 h, sáb. y dom. de 11-16 h, resto del año de 10-17 h, dom. de 11-17 h.
- 🖰 www.hjemmefrontmuseet.no
- 🕮 Precio económico.

▲ Antigua fortaleza del puerto de Oslo, el Akershus.

·········

- 🕙 45 (C2)
- ☎ 230 93 582
- 🕙 De may. a sep. de 10-17 h, resto del año de mié. a dom. de 10-16 h.
- 🖰 www.forsvarsmuseet.no

▲ Interior del Museo de la Resistencia Noruega.

· · · · · · · · ·

🕐 45 (B2)
✉ Bankplassen, 3.
☎ 219 82 000
🌐 www.nasjonalmuseet.no

cación sobre el último conflicto es más clara y las fotografías y documentos mostrados resultan más reveladores que cualquier escrito sobre el tema.

❚ BANKPLASSEN ⭐⭐⭐

Esta plaza, que concentra la vida pública de la zona sur, es uno de los lugares más fotogénicos y bonitos de Oslo. El edificio que le da la nombre es el antiguo **Banco de Noruega,** obra de estilo art nouveau de 1907. A su alrededor hay otras construcciones neoclásicas y neogóticas, fruto del gusto del siglo xix por volver a los tiempos pretéritos.

En el centro de la plaza hay una fuente geométrica, bancos para descansar, árboles y parterres con flores que brillan especialmente con el buen tiempo. Llama la atención el empedrado del suelo, a base de guijarros, que le da un aspecto muy rústico y popular.

❚ ARKITEKTUR MUSEET ⭐⭐

El **Museo de Aquitectura** ocupa un bonito pabellón modernista de 1830, obra original de Christian Heinrich Grosch, en la esquina suroeste de la Bankplassen. Pertenece al Nasjonalmuseet y ofrece la posibilidad de recorrer, a través de planos, fotografías y maquetas, la historia de la construcción de edificios en el país desde la mitad del siglo xix hasta nuestros días. Destacan las obras de grandes arquitectos noruegos como Bjercke&Elliassen, Sverre Fehn o Magnus Poulsson. También organiza exposiciones temporales sobre planteamientos urbanísticos, diseño y estudios de obras arquitectónicas recientes. Incluye una interesante biblioteca con más de 8.000 volúmenes, especializada en arquitectura moderna.

Actualmente remodelándose, un aparte de su colección se exhibe en el Nasjonalmuseet. El edificio en sí es una magnífica muestra de clasicismo y y modernismo digna de conocer.

MUELLE DE BJØRVIKA

La costosísima construcción del edificio de la Ópera en 2008 abrió un nuevo centro en la ciudad. El plan urbanístico incluía revitalizar una zona que, con el tiempo, se ha expandido y convertido en barrios de viviendas y oficinas y que ha traído nuevos edificios emblemáticos que potencian el reclamo cultural de este nuevo centro de Oslo desde 2022, con la finalización e inauguración del Museo Munch y la Biblioteca Nacional.

I DEICHMAN BJØRVIKA ★★★

El nuevo edificio y sede de la Biblioteca viene a complementar el énfasis cultural que rezuma toda esta parte de la ciudad. Es un espacio luminoso y a la vez íntimo, creado por Atelier Oslo y Lundhagem. Tiene 6 pisos y 13.500 m² pensados para el disfrute de la cultura en todas sus variantes, además de espacios para los niños, estudios de grabación, auditorio, y por supuesto casi medio millón de libros. Se puede aprender en sus talleres, dormitar con un libro en la mano o simplemente pasear y descubrir su ingeniosa arquitectura. Nombrada mejor biblioteca del mundo en 2023, encarna muy bien el espíritu del país.

45 (B3)
Anne-Cath, Vestlys plass, 1
23 43 29 00
https://deichman.no/
Abierto de lunes a viernes de 08-22 h, sábados y domingos de 10-18 h.

I OPERAHUSET ★★★

El novísimo edificio de la Ópera, proyecto de los noruegos *Snøhetta,* simula un iceberg de color blanco y cristal, emergiendo del mismo agua del fiordo. Las rampas de brillante mármol blanco de Carrara permiten subir desde el agua a la cúspide del polígono y disfrutar hasta de los rayos más transversales del sol en invierno.

En el interior, la gran sala principal, con capacidad para 1.350 espectadores, se encuentra a 16 m bajo el nivel del mar. El segundo auditorio tiene capacidad para 400 personas. Durante todo el año hay representaciones y eventos culturales internacionales.

Dentro del edificio de la Opera se puede comer en alguno de sus restaurantes, visitar la tienda y hacer una visita guiada para conocer la impresionante tarea que sucede detrás del escenario durante las representaciones.

45 (C3)
Kirsten Flagstad plass, 1.
214 22 121
www.operaen.no

▼ Interiores de la Operahuset.

I BARCODE, CÓDIGO DE BARRAS ★★

El proyecto arquitectónico y urbanístico conocido como el *Oslo Futuro* gira en torno a la ampliación del barrio de Bjørvika, al fondo de la Ópera, donde hasta hace menos de una década se encontraba una zona portuaria y de vías de tren depauperada. La recuperación de esta zona ha permitido la construcción de toda una avenida con edificios de oficinas y viviendas con una arquitectura muy vanguardista, campo de pruebas para arquitectos motivados por el resto de obras que se han creado.

Se conoce como el "Código de Barras *(Barcode)",* por el aspecto y colores de algunos edificios, y ha ganado gran reconocimiento y premios internacionales, aunque también hay un intenso debate sobre la pertinencia y altura de estos edificios que han transformado el *skyline* de la ciudad.

• • • • • • • •

Østbanehallen
🕐 45 (B3)
✉ Jernbanetorget, 1.
🔗 http://ostbanehallen.no/

• • • • • • • •

🕐 43 (C3)
✉ Edvard Munchs Plass, 1.
🕐 De miércoles a sábado de
   10-21 h, domingo a martes
   de 10-18 h.
🔗 www.munchmuseet.no
📋 Entrada libre los miércoles
   de 18-21 h; resto de días
   180 NOK.

También en esta zona, en la antigua estación de tren, desde 2015 funciona un gran centro gastronómico y cultural, el **Østbanehallen,** mercado de productos gastronómicos y pequeños restaurantes que ofrecen comidas de todo el mundo.

❙ MUNCHMUSEET ★★★

El nuevo museo Munch, inaugurado a finales de 2021 ha causado verdadero furor, por su arquitectura y dinamismo como ente cultural, y no es para menos, además del singular edificio que lo alberga, obra del estudio de arquitectura español Estudio Herreros; se ha convertido en el museo dedicado a un solo artista más grande del mundo. Se muestran más de la mitad de la obra pictórica total del artista, con un fondo que consta de más de 26.000 obras. El

▲ Edificio del Munchmuseet.

enorme espacio de 5 plantas, permite la exhibición de varias colecciones temporales simultáneamente, además de la colección permanente. Como curiosidad, destacar que de las 8 obras de *El grito* (no todas óleos) siempre hay expuesta al menos una. Todo el museo y los alrededores vibran con la figura de Munch y su obra.

EL ESTE Y GRÜNERLØKKA

La zona al este del río Alkerselva era donde tradicionalmente se asentaban las fábricas desde el siglo XIX y los barrios de la clase trabajadora. Hoy Grünerløkka se ha convertido en un área joven des-

¿Sabías que…?

Fuera de Grünerløkka, un poco al oeste pero no muy lejos de ahí, se encuentra un lugar especialmente atractivo en lo pictórico, la calle Damstredet, que es la única que se ha conservado en Oslo con casas de madera y que tienen una particular decoración.

bordante de vida, llena de estudiantes, hipsters, bohemios y artistas, con talleres de bicicletas, galerías de arte, centros sociales y salas para conciertos de música.

El **puente Anker**, el **Ankerbrua** es el mejor paso para llegar al corazón del barrio, decorado con obras de temática folclórica del escultor noruego Per Ung y que son toda una declaración de intenciones de la zona a la que se accede. La calle principal del barrio es **Thorvald Meyers Gate**, salpicada de tiendas de diseño y ropa, cafés y pequeños restaurantes.

I ZONA VULKAN ⭑⭑

Se localiza a ambos lados del río Alkerselva y más al norte que el Ankerbrua. Es una animada zona de ocio con restaurantes internacionales y terrazas, un buen ejemplo de cómo la ciudad se ha transformado en los últimos años, manteniendo el espíritu de sus construcciones industriales para darles un nuevo uso cultural. No en vano, el barrio debe su nombre al complejo que hasta los 50 albergó la fundición de metales *Vulkan*, ahora sede de una afamada escuela de Danza contemporánea, la **Dansen Hus** (www.dansenhus.com) con talleres y actuaciones.

ZONA PENÍNSULA DE BYGDØY

Al suroeste de la ciudad se extiende la península de Bygdøy, conocida como la "Península de los Museos" porque posee cinco de los más afamados de Oslo. Hasta no hace mucho tiempo era una isla pegada a la costa, actualmente está conectada por tierra y barco, y es una extensión más de la capital noruega. Es una reputada zona residencial, con alguna playa para valientes, donde se sitúan el palacio de verano de los reyes, la granja y las caballerizas reales.

I VIKINGSKIPSHUSET

El museo está viviendo una enorme renovación y ampliación que lo mantendrá cerrado previsiblemente hasta 2027. Alternativamente, para conocer más del mundo vikingo, la visita al museo Histórico resulta interesante. Así mismo, The Viking Planet, una exposición completamente digital, con VR, hologramas y juegos e instalaciones interactivas, en donde nos trasladan a la época vikinga y nos ofrecen un recorrido por su historia, cultura, artesanía y mitología muy interesante.

Península de Bygdøy

ℹ Para llegar a la Península de los museos desde el centro, se puede ir en el bus urbano número 30 o en ferry.

🚢 Bygdøyfergene: Rådhusbrygge 3, telf. 233 56 890. Los tickets para el traslado en barco (solo de mitad de abril a mitad de octubre) se compran en un quiosco que hay entre el muelle 2 y el 3, donde además informan de los horarios. Se coge el barco que lleva a la Península en el muelle 3. Hay un cartel fácilmente visible que pone "To Bygdøy museum, Public ferry". Hace dos paradas en la Península, en la primera (Dronningen), el muelle está cerca de el Norsk Folk Museum y el Vikinkpseet Museum, la segunda parada (Bygdøynes) deja enfrente del Fram Museum, el Nork Maritimt museum y el Kon Tiki museum, desde donde el ferry vuelve al Rådhusbrygge.

🔌 f.p.
✉ Fridtof Nansens Plass, 4.
☎ 469 42 495
🌐 www.thevikingplanet.com

▶ Stavkirke de Gol.

● 42 (D1)
✉ Museumsveien, 10.
☎ 221 23 700
⏱ De ene. a abr. de 11-16 h, resto del año 10-17 h.
🖰 www.norskfolkemuseum.no

┃ NORSK FOLKEMUSEUM ★★★

Un museo etnográfico y folclórico al aire libre, con casas y construcciones originales, traídas de todas las regiones del país, algunas incluso con la decoración original interior. Es un inmenso parque que muestra los modos constructivos tradicionales, destacando las elaboradas e ingeniosas soluciones en madera. En verano hay figurantes vestidos de época que animan y cuentan curiosidades. El edificio más destacado es la **stavkirke de Gol** (▶33).

● 42 (D1)
✉ Bygdøynesveien, 36.
☎ 230 86 767
⏱ De nov. a feb. de 10-16 h; de mar. a jun. de 10-17 h; jul. y ago. de 9.30-18 h; sep. y oct. de 10-17 h.
🖰 www.kon-tiki.no
💲 Precio medio.

┃ KON TIKI MUSEET ★★★

Este museo ilustra las aventuras de Thor Heyerdhal (▶19), prestando especial atención a la primera y más impresionante, la *Kon Tiki*. Se pueden ver las balsas originales y una pequeña colección arqueológica con los regalos recibidos de los pueblos visitados en las expediciones.

La película-documental original de 1951, que además ganó el Óscar en su categoría, se proyecta a diario en la sala de cine del museo. Hacerse una idea de cómo fue cruzar el Pacífico en estas embarcaciones resulta estremecedor.

┃ FRAMMUSEET (▶31) ★★★

● 42 (D1)
☎ 241 14 150
⏱ Del 1 de abril al 30 sep. de 10 a 17 h todos los días; resto del año de 11 a 16 h. Cierra los lunes.
🖰 www.marmuseum.no
💲 Precio medio.

┃ NORSK MARITMT MUSEUM ★★

La historia del país está indisolublemente unida al mar, y en este museo se rinde homenaje a todas aquellas personas que han surcado los océanos. Una agradable exposición con todo tipo de artilugios, piezas de época, restos de pecios y maquetas. Además se puede participar en experiencias interactivas y hay una proyección panorámica sobre las costas de Noruega. Tiene una cafetería para reponer fuerzas, y en la parte de detrás, un agradable jardín que da directamente al fiordo, con vistas al centro.

▍Alrededores de Oslo

▍HOLMENKOLLEN (▶28)   ★★★

▍STOVNERTÅRNET   ★★

Es una ingeniosa rampa-pasarela, acabada en madera y de 260 m de largo, que permite un paseo por las alturas con unas vistas inmejorables. Inaugurada en 2017 y a menos de una hora de Oslo, es una atracción para todos los públicos, gratuita y abierta todo el día. Esta construcción responde al placer de contemplar la naturaleza y fomentar el interés conservacionista y respetuoso con el medio ambiente.

▍MINAS DE PLATA DE KONGSBERG   ★★

Estuvieron en funcionamiento más de 300 años, trabajaron más de 450.000 trabajadores a lo largo de su historia y se convirtieron en el yacimiento de plata más importante de Europa septentrional. Fueron varias las localizaciones y perforaciones que se hicieron en esta zona de colinas, que con el tiempo terminaron casi por desaparecer… así como el tesoro que escondían. En **Sølvgruvene** se puede hacer una visita de lo más entretenida a través de sus túneles, en un tren que circula por parte de las vías originales. Otras actividades relacionadas con la minería, también están previstas: experimentar el proceso natural de decantación de la plata con ayuda de agua o la fabricación de monedas.

Los interesados también pueden visitar el cercano Museo Noruego Minero, **Norsk Bergverksmuseum**, donde se muestran monedas acuñadas con plata de las minas y objetos y herramientas relacionadas con la minería. También se cuenta la curiosa historia de su descubrimiento en el sigo XVII.

✉ Karl Fossums vei, 30.
🚇 Se puede llegar en metro, hasta la estación de Stovner (líneas 4 y 5) y desde ahí hay un camino señalizado de 600 metros hasta la plataforma.
🔗 http://stovnertarnet.no

Minas de plata de Kongsberg
✉ A 90 km de Oslo hacia el suroeste.
📞 919 13 200
🕐 Visita guiada de hora y media.
🚆 se puede llegar en tren y bus hasta Koningsberg desde la parada de tren de cercanías de Nationalthetare, la línea L12 hasta Kongsberg, y de ahí el bus local 410 a las minas, en Sølvgruvene.
🔗 https://norskbergverks museum.no/
💲 Precio económico.

Norsk Bergverksmuseum
✉ Hyttegata 3, Kongsberg.
🕐 De med. may. a ago. de 11-17 h. Resto del año de 12-16 h. Cierra los lunes
💲 Precio económico.

Descubrir
Bergen

Su bellísima localización ha permitido históricamente un tráfico comercial y cultural que ha modelado su relación con el mundo. Bergen es la ciudad que mejor presenta al país y la cuna de la identificación patriótica del Romanticismo noruego. Es cosmopolita, universitaria, científica y artística, y además, no da la espalda a un legado natural impresionante, siendo puerta de entrada a los fiordos, a algunos de los más bellos recorridos en tren y al glaciar Jostedal.

Bergen

La segunda ciudad en tamaño de Noruega tiene un centro histórico pequeño que se puede recorrer a pie sin problema. Si preguntamos a cualquier berguense por alguna dirección, siempre nos dirá que se encuentra a 10 minutos caminando. Es muy fácil orientarse y visitarla en un par de días. Caminar por sus antiguas calles de adoquines, admirar las típicas casas de madera, disfrutar de la actividad del Mercado del Pescado, subir a alguna de las siete colinas que la rodean para obtener grandiosas vistas y visitar algunos de sus museos son actividades irrenunciables para disfrutar de Bergen. Que, por cierto, la haremos casi seguro bajo la lluvia, pues estadísticamente llueve 270 días al año.

Para orientarse, la mejor referencia es el Mercado del Pescado, situado al lado de la Oficina de Turismo. Desde este céntrico punto, podemos hacer varios recorridos.

Al oeste se sitúa la península de Nordnes, que incluye una parte del puerto, algunas iglesias, el acuario y todo un barrio de casitas de madera. El centro está vertebrado por la peatonal Torgalmemmingen, que sale desde la Oficina de Turismo y llega hasta la Ole Bull Plass, corazón urbano y lugar de encuentro de los berguenses. Al este de esta calle se expande la zona de museos del KODE y el lago *Lille Lungegårdsvannet* (literalmente "el pequeño pulmón verde de la ciudad") con un parque alrededor, donde en verano y cuando no llueve, se puebla de amantes del sol.

Hacia el norte está el Bryggen, con el Barrio hanseático, Patrimonio de la Humanidad por la UNESCO y el Bergenhus Festning, fortaleza medieval donde hoy se celebran actuaciones musicales. Más allá, la ciudad continúa hacia el norte por la calle Skutevikstorget llegando, tras pasar varios edificios históricos relacionados con la pesca, hasta el barrio de las Rosas, eminentemente marinero y plagado de preciosas casitas de madera.

Detrás del Barrio Hanseático se encuentra el funicular que sube hasta el monte Fløyen, donde existen unas inmejorables panorámicas de toda la ciudad. Y por último, desde la Oficina de Turismo, caminando por Kong Oscar Gate, iremos hacia la estación de tren, pasando por la Catedral, el Museo de la Lepra y la maravillosa biblioteca pública, que merita una visita como lugar remarcable de la cultura noruega.

Bergen Card

Es un medio muy útil para ahorrarse algunas coronas. La tarjeta de 48 h cuesta 460 NOK. Permite descuentos y ventajas como: entrada gratis a casi todos los museos e iglesias, transporte gratuito en autobús, aparcamiento gratis en el área urbana y descuentos en restaurantes, alquiler de coches, cines y teatros, así como en visitas guiadas y tours organizados. Se puede comprar en la oficina de turismo (Strandkaien, 3; telf. 55 55 20 00; www.visitbergen.com), en algunos hoteles y campings, en la estación de trenes y en la terminal de ferrys. También a través de su página web, www.en.visitbergen.com/bergen-card.

• • • • • • • •

Bergen Bike Rent: bicis eléctricas y estándar.
✉ Bontelabo, 2 (puerto de cruceros)
🕐 Visitas guiadas de 2 horas (a las 10 h y a las 14 h.)
☎ 410 68 000
🌐 www.norwayactive.no

▼ Casas de madera del Barrio Hanseático.

• • • • • • • • •

Mercado del Pescado
- 65(B2)
- Torget, 11.
- **Fisketorget:** de may. a sep. a diario de 8-23 h, de oct. a abr. de 9-17 h.
  Mathallen: de may. a sep., a diario, de 9-23 h. De oct. a abr., de lun. a jue. de 10-23 h; vie. y sáb. de 9-22 h; dom de 11-23 h.

► Venta de marisco en el Mercado del Pescado.

EL CENTRO

❙ CALLE TORGALMEMMINGEN   ★★★

Es la calle principal de la ciudad que, desde muy cerca de la Oficina de Turismo en dirección este, permite un paseo sosegado y vistoso. Al comienzo se halla un significativo **monumento a los navegantes,** en recuerdo a aquellos noruegos que han perdido la vida en el mar, desde los vikingos hasta nuestros días. Destacan las esculturas en bronce de algunos personajes anónimos y los bajorrelieves que recuerdan algunos de los más sonados naufragios en mares noruegos. Si le prestamos atención aprenderemos mucho de la historia del país.

❙ JOHANESKIRKE   ★

Al fondo de la calle Torgalmemmingen se sitúa San Juan, bonita iglesia de inspiración gótica. Construida al final del siglo XIX, con todos sus elementos arquitectónicos característicos y levantada en ladrillo rojo, es el edificio más alto de la ciudad, con una torre de 61 m. Dedicada al culto protestante, en su interior destaca el órgano, del siglo XX, de fabricación alemana. La iglesia se sitúa en la falda de una leve colina, así que volviendo la cabeza hacia la ciudad hay unas bonitas vistas de la arteria más característica de Bergen que forman Torggate, Torgallmenningen y Torget.

❙ MERCADO DEL PESCADO (FISKETORGET) Y MATHALLEN   ★★★

Desde la Oficina de Turismo ya se oye el ajetreo de los puestos del Mercado del Pescado, jaleo totalmente impropio de la cultura noruega y donde se escuchan, en todos los idiomas, las ofertas para llevarse un buen recuerdo gastronómico o comer alguna exquisitez sentado en medio de la vorágine de visi-

tantes y curiosos. Imprescindible el salmón salvaje, la ballena –para los curiosos– y sobre todo, el cangrejo real o de Kamchatka. También hay algunos puestos con todo tipo de embutidos de reno, alce y caza. Es el lugar más animado de la ciudad durante el día. Su zona acristalada, el **Mathallen** tiene tiendas y restaurantes más caros, pero abiertos hasta más tarde.

▲ El Fløibanen sube a la misma altura que la Torre Eiffel.

▮ FUNICULAR DEL MONTE FLØYEN ★★★

En la calle Vetridsallmenningen, frente al mercado, está la estación del funicular. Originalmente construido en 1910 para dar conexión a la población que vive en la ladera, hoy en día está tomado por las huestes de turistas que llegan a Bergen –normalmente en crucero– y ofrece la posibilidad de ascender a 320 m para obtener las mejores panorámicas.

Desde lo alto de la colina de Fløyen se divisa, cuando el día no está muy nuboso, el Gran Bergen (el centro y buena parte de la enorme extensión que ocupa la ciudad, llena de barrios periféricos), su fiordo y las islas de la bahía. Arriba se hallan la cafetería restaurante **Fløyen Folkerestaurant**, una tienda de souvenirs y un parque infantil presidido por un enorme troll, pero quizá su mayor atractivo es que desde ahí se pueden realizar algunas excursiones a pie por el monte.

Hay información de estas rutas en carteles explicativos y en la tienda de souvenirs. Se puede bajar andando hasta el centro en un entretenido paseo de unos 30-45 minutos.

Funicular
- 🕓 65 (A-B2)
- ✉ Vetridsallmenningen
- 🕐 Los horarios varían a lo largo del año. En verano, de L-V, desde las 07:30 h hasta las 00 h. Los fines de semana desde las 8 h. En verano se puede alquilar una bicicleta de montaña o una canoa en el lago Skomakerdiket.
- 📞 www.floyen.no
- 💶 Precio medio.

Theta Museum
- 🕐 65 (A2)
- ✉ Bredgården 2B.
- 🕐 De jun. a ago.: mar., sáb. y dom., de 14-16 h. El resto del año se pueden realizar visitas guiadas previo acuerdo con Bryggens Venner.
- 🔗 www.krigsmuseene.no/thetamuseet/

Bryggens Museum
- 🕐 65 (A2)
- ✉ Dreggsalm, 3.
- ☎ 553 08 030
- 🕐 De may. a ago. de 10-16 h, resto del año de 11-15 h.
- 🔗 www.bymuseet.no

Mariakirken
- 🕐 65 (A2)
- 🕐 De jun. a mitad de sep., de 9-16 h, resto del año mar. y vie. de 12-14 h.
- 🎫 Entrada económica.

▼ Iglesia de Santa María.

BARRIO HANSEÁTICO Y ALREDEDORES

La imagen del **Bryggen** (muelle) y sus preciosas casas de colores es la más famosa de la ciudad. Este barrio, declarado Patrimonio de la Humanidad es la mejor muestra de lo que fue la Hansa, la asociación comercial de ciudades del norte de Europa, que funcionó durante la Edad Media (▶32).

❚ THETA MUSEUM ★★
También llamado Museo de la Resistencia Noruega, se sitúa en el Barrio Hanseático. Es un museo único en su género y quizás sea el más pequeño del mundo, pues tiene capacidad solo para dos personas al mismo tiempo para visitarlo. Se trata de la sala secreta desde donde, durante la Segunda Guerra Mundial, la resistencia noruega conectada por radio principalmente con Inglaterra, donde estaba exiliado el gobierno. Los nazis nunca llegaron a encontrar este lugar y hoy en día hay que ir atento para no perdérselo.

❚ BRYGGENS MUSEUM ★★
Se encuentra situado en la zona más oriental del barrio, en un edificio de hormigón que desentona bastante con los edificios del lugar. Aquí se muestran objetos y utensilios de la Edad Media y restos arqueológicos anteriores, encontrados durante las excavaciones de mitad del siglo xx, que se iniciaron a raíz del incendio de 1955 que casi destruyó por completo el barrio. También hay espacio para colecciones temporales, sobre todo de arte.

❚ MARIAKIRKEN ★★
En la parte posterior del barrio se localiza la **iglesia de Santa María,** uno de los templos más prominentes de Bergen. En piedra y de estilo románico del norte, es el edificio que se conserva en pie más antiguo de la ciudad, posiblemente construido entre 1130 y 1170. Fue durante siglos la iglesia adonde acudían los miembros de la Hansa. En el portal occidental se erigen dos torres simétricas que cierran tres naves, las laterales más bajas, y con unas arcadas que sostienen el amplio espacio interior, donde destaca su decoración barroca. Ha sido rehabilitada con esmero y conserva algunos elementos notables como el púlpito –hecho con caparazones de tortuga– y sobre todo el retablo del altar mayor, del siglo xv y de procedencia alemana, que es una de las más bellas muestras de arte sacro de todo Noruega. En verano se celebran conciertos de música de órgano y misales cantados.

BERGEN

| ROSENKRANTZTÅRNET ★★

Se trata de una torre cuadrangular que fue man-
dada erigir por el alcalde la ciudad –de nombre Ro-
senkrantzt– en 1560, que daba protección militar
a la entrada del puerto y a la propia fortaleza. Se
puede recorrer su interior, lleno de salas y pasillos,
hasta llegar a la parte almenada, donde las vistas
son inmejorables.

🕐 65 (A1)
📞 www.bymuseet.no
🕐 En verano de 10-16 h,
resto del año sáb. y dom.
de 12-15 h.
💳 Precio medio.

- 65 (A1)
- 479 79 577
- De mitad de jun. a mitad de sep. de 10-16 h, resto del año de 12-5 h. Visitas guiadas en inglés.
- www.bymuseet.no

- 412 25 613
- Sale cada 10 minutos y funciona todo el año entre semana de 7.30-16 h, de may. a ago. de 11-16 h.
- www.beffenfergen.no

- 65 (A1)
- Sandviksboder, 23.
- De ene. a abr. y de oct. a dic. de mar. a dom. de 11-15 h; en may. y sep. de 10-17 h; de jun. a ago. de 10-18 h.
- www.museumvest.no
- Precio económico.

▶ El salón de Håkon.

¿Sabías que…?

Todos los edificios sobre la orilla del fiordo son antiguos almacenes de época medieval que han ido viviendo adaptaciones, pero aún siguen construidos en madera y ligeramente separados de la orilla (para evitar la llegada de roedores) donde se conservaba el pescado seco listo para exportar.

❙ HÅKONSHALLEN ✱

Literalmente el **Salon de Håkon,** se erigió en el interior de la fortaleza como residencia real a mitad del siglo XIII. Con la llegada de la peste negra y la Hansa, a mediados del siglo XIV, se convirtió en el centro administrativo de la ciudad. Hoy en día sirve para la celebración de eventos oficiales. Tiene un esmerado interior decorado con muebles y objetos de época.

❙ FERRY BEFFEN ✱✱

El ya clásico, en la ciudad, ferry naranja y verde hace un pequeño paseo histórico por las aguas del fiordo durante el verano. Desde Dreggekaien –al final del Bryggen– hasta Munkebryggen, cruza hasta la península de Nordnes (▶72).

AL NORTE DEL CENTRO

❙ NORGES FISKERIMUSEUM ✱

Situado al norte del Barrio Hanseático, en un antiguo almacén de pescado. Se puede conocer la amplia variedad de recursos que ofrece el mar por estas costas, así como la dura vida de los pescadores y trabajadores del gremio a través de los tiempos. Hay un bonito y coqueto **puerto histórico** con una réplica de una embarcación vikinga y la posibilidad de alquilar barcas con remos.

POR KONG OSCAR GATE

I KORSKIRKEN   ✳

La **iglesia de la Santa Cruz** fue erigida al final del
siglo XII y, como la mayoría de las iglesias de Bergen,
es un cúmulo de estilos estéticos a causa de los
incendios y sus reconstrucciones: el planteamiento
original es románico, con algunos principios góti-
cos; la torre, que originalmente fueron dos, tiene
influencia renacentista y las naves añadidas son de
época barroca.

I DOMKIRKE   ✳✳

La **Catedral** fue consagrada a San Olav en 1150.
Desde entonces ha vivido cinco incendios con sus
reconstrucciones y hasta ataques de artillería; se
puede ver aún el proyectil de cañón incrustado en su
torre desde 1665, recuerdo de la batalla de Vågen. El
edificio resulta frío y casi amenazante, pero cuenta
bien el paso del tiempo desde su construcción inicial
en piedra y madera. Hubo mucho añadidos posteriores. Destaca las vidrieras y un órgano moderno.

I LEPRAMUSEET   ✳✳

El **Museo de la Lepra** es un lugar reseñable y de
gran trascendencia histórica, pues fue aquí donde
Armauer Hansen (▶ 18) consiguió aislar el bacilo
que provoca tan terrible enfermedad. Esta ya se

▲ Edificios medievales
   en el puerto (Bryggen).

· · · · · · · · ·

🕐 65 (B2)

· · · · · · · · ·

🕐 65 (B2)
🕑 De med. de jun. a med.
   de ago. de 10-16 h, resto
   del año de mar. a vie. de
   11-12.30 h. Los domingos
   en verano hay conciertos
   de órgano.

· · · · · · · · ·

🕐 65 (B2)
📱 https://bymuseet.no/
   museum/lepramuseet/
🕑 De med de may. a ago. de
   11-15 h. Visitas guiadas en
   inglés en verano a las 11 h,
   resto del año con reserva.
💰 Precio económico.

▲ Un edificio del conjunto KODE Art Museums.

conocía en época vikinga y en el siglo XIX afectaba al 3 % de la población noruega. El museo, instalado en el antiguo y pequeño hospital de San Jorge, es un espacio de divulgación científica e histórica que nos muestra el avance de la medicina en Noruega mediante una entretenida exposición.

POR LA ESTACIÓN DE TREN

I GRAND HOTEL TERMINUS ✱✱

Frente a la estación de tren, en este famoso hotel se hospedó Amundsen antes de su expedición al Polo Sur. Merece la pena entrar y conocer el elegante salón original del siglo XIX todo en madera, donde dicen que sirven whiskys de todo el mundo.

· · · · · · · · ·
🕐 65 (B2)

I PARQUE LILLE LUNGEGARDSVANN ✱✱

Con un bello lago conectado con el fiordo, es el pulmón verde de la ciudad y el lugar favorito de los berguenses para el esparcimiento y disfrute con el buen tiempo. A veces tocan música en vivo en el precioso quiosco con forma de templete en hierro forjado. Desde ahí hay unas bonitas vistas de las siete colinas que rodean a Bergen. En la esquina noreste nos sorprenderá una imaginativa **escultura ecuestre** plateada: es el homenaje de la ciudad a su fundador, Olav Kirre.

· · · · · · · · ·
🕐 65 (B2)
🏠 Strømgaten 6.
🕐 De mar.a jue. de 10-20 h, vie. de 10-17 h, sáb. de 10-16 h y dom. de 12-16 h.
🌐 www.bergenbibliotek.no

I BERGEN OFFENTLIGE BIBLIOTEK ✱✱

Muy cerca se halla la biblioteca municipal, fundada en 1856. Es un lugar muy dinámico, donde lo preceptivo es conocer sus salas, desenfadadas, jóvenes y llenas de oportunidades para aprender del espíritu noruego. Se puede consultar libros, partituras, discos, películas y hasta tocar instrumentos musicales. Hay sillas y tumbonas –con gente leyendo o siesteando–, grandes ventanales y casi seguro, posibilidad de asistir a alguna charla o curso interesante.

RASMUS MEYERS ALLÉ, LA CALLE DEL ARTE

I BERGEN KUSTHALL ✱

Este museo expone muestras itinerantes de artistas contemporáneos tanto noruegos como internacionales en tres salas distintas con grandes puestas en escena. También es escenario de conciertos y sesiones de DJ's, con más de 200 eventos al año y exposiciones mensuales. En la planta alta hay un bar bastante animado por la noche.

- 🕐 65 (C2)
- ✉ Rasmus Meyers allé 5.
- 🕐 De mar. a dom. de 11-17 h, jue. de 11-20 h.
- 🔗 www.kunsthall.no
- 💶 Precio económico.

I KODE ART MUSEUMS ✱✱✱

El complejo museístico KODE, situado sobre la Rasmus Meyers Allé, también conocida como la "calle del arte", engloba cuatro museos distintos y, fuera de la ciudad, tres casas de famosos compositores: **Edvard Grieg Museum Troldhaugen, Ole Bull Museum Lysøen** y Harald Sæverud Museum Siljustøl.

KODE 1. Es el Museo de Arte Aplicado y Diseño, reinaugurado en 2017 tras una profunda reforma. Está ubicado en un bonito edificio de fachada neoclásica, construido en 1890 para esta misma función. Los interiores son un buen ejemplo del arte del diseño e interiorismo tanto noruego como oriental. Se exhiben aquí varias colecciones, como el **Sølvskatten** (Tesoro de Plata), exposición permanente de objetos de porcelana, de plata y oro producidos en Bergen, y la **Singer Collection,** con antigüedades europeas y asiáticas además de pinturas.

KODE 2 se dedica a exposiciones temporales. Destaca en la planta baja una librería con una gran selección de libros sobre artes visuales, arquitectura, fotografía y diseño. También aquí se halla el entrañable **Café Smakverket.**

KODE 3 alberga la valiosa colección de Rasmus Meyer –millonario empresario amante y coleccionista de arte del siglo XIX– con una buena muestra de obras de Edvard Munch, entre las que destacan *Celos* o *Melancolía* y otras pinturas de la Edad de Oro del arte noruego (J.C. Dahl, Harriet Backer, Erik Werenskiold y Gerhard Munthe).

El **KODE 4** se ubica en el **palacio Lysverket,** un edificio art déco de tres plantas. Es el más interesante de la institución pues alberga pinturas famosas de artistas noruegos desde el siglo XVIII a nuestros días (J.C. Dahl, *Abedul en la tormenta;* P. Balke, *La*

- 🕐 65 (B2)
- 🕐 De med. de sep. a med. de may. de mar. a vie. de 11-16 h, sáb. y dom. de 11-17 h; resto del año de 11-17 h.
- 🔗 http://kodebergen.no
- 💶 Precio medio.

▼ Exposición permanente en el KODE 3.

fortaleza de Vardøhus), obras flamencas de la época barroca y una bonita colección de iconos rusos y griegos desde el siglo XIII. También, una parte de la colección Stenersen –filántropo, atleta olímpico y mecenas– con obras de artistas del siglo XX, una rica muestra de Paul Klee, así como obras de Picasso, Miró, Mondrian, Kandinsky y autores noruegos contemporáneos. Para los más pequeños hay un espacio, el **Kunstlab,** donde jugar con los colores y texturas.

❙ GRIEGHALLEN ✶✶

🕐 65 (B2)
🌐 www.grieghallen.no

Situado al otro lado de la calle del arte, es el auditorio de la ciudad, con una acústica excepcional, donde cada año, se celebra a finales de mayo o junio, el **Bergen International Festival** (www.fib. no), que ofrece excelentes actuaciones y conciertos de música clásica, contemporánea, ópera y ballet. Quizá el acontecimiento cultural más importante del país, donde actúa regularmente la Orquesta Filarmónica de Bergen, creada en 1765.

AL SUR DEL CENTRO

❙ KULTURHISTORISKE SAMLINGER ✶✶

🕐 65 (C2)
📍 Haakon Shetligsplass, 10.
🕐 De jun. a ago. de mar. a vie. de 10-16 h, sáb. y dom. de 11-16 h, resto del año de lun. a vie. de 10-15 h y sáb. y dom. de 11 a 16 h.
🌐 www.uib.no.

La colección de objetos históricos de la Universidad guarda algunos tesoros que se muestran en una interesante y variada exposición de arqueología, etnografía y arte sacro desde el Paleolítico hasta hoy, especialmente centrado en el oeste del país aunque también hay referencias a los pobladores más septentrionales del país y su relación con el pueblo inuit.

❙ BERGENS SJØFARTSMUSEUM ✶

🕐 65 (C2)
📍 Haakon Shetligsplass, 15.
🕐 De med. de may. a ago. de 10-16 h, sáb. y dom. de 11-16 h, resto del año de 11-15 h.
🌐 https://sjofartsmuseum. museumvest.no/

Documenta el desarrollo marítimo de la ciudad y su trascendencia para Noruega desde la Edad del Hierro y los vikingos hasta nuestros días. Hay preciosas maquetas y modelos de barcos históricos. Un buen lugar para el entretenimiento de pequeños y amantes del mar y la navegación, con visitas guiadas en inglés durante el verano.

❙ MUSEO TÉCNICO DE BERGEN ✶✶

🕐 65 (C2)
📍 Thormøhlens gate, 23.
🌐 www.bergenstekniske museum.no

El museo muestra la historia del transporte de la ciudad con un interesante exhibición de vehículos de todas las épocas. Lo más apetecible es tomar el tranvía histórico, muy bien conservado, y que hace un paseo hasta la Cafetería Opera por los antiguos raíles de la red de tranvías que tuvo la ciudad.

HACIA LA PENÍNSULA DE NORDNES

I OLE BULL PLASS ★★★

La plaza de Ole Bull, siempre concurrida, es lugar de encuentro de los berguenses. Destaca una pequeña fuente con piedras con forma de losas de color azul y la **estatua** del violinista y compositor Ole Bull (1810-1870), ya un icono en su tiempo y emparentado con la familia del otro gran músico de la ciudad, Edvard Grieg. En esta zona se desarrolla la vida comercial con dos pequeños centros comerciales, el **Galleriet** (Torgallmenningen) y **Bergen Storsenter** (junto a la estación de trenes y buses).

65 (B2)
Los centros comerciales abren de lun. a vie. de 9-21 h, sáb. de 9-18 h.

I DEN NATIONALE SCENA ★★

El **Teatro Nacional de la Escena** es el edificio más notable de esta zona. Es el teatro permanente más antiguo del país, fundado por Ole Bull en 1850 y muy cercano al sentimiento nacionalista de la época romántica. En 1909 fue reconstruido en un vistoso estilo art nouveau y embellecido con un sencillo parque que lo rodea.

Es uno de los tres teatros nacionales del país y fue el primer lugar donde se interpretaron obras en lengua noruega. Su primer director fue Henrik Ibsen, y precisamente aquí se estrenaron cuatro de sus obras, que en su época recibieron duras críticas. Le sucedió Bjørn Bjørnson, Premio Nobel de Literatura en 1903, y ferviente luchador por la independencia, que aparece inmarcesible en una estatua frente a la entrada. La visita del interior solo es posible asistiendo a las funciones, que se representan casi todos los días con más de veinte producciones anuales en varios idiomas.

65 (B2)
Engen, 1.
555 49 700
https://dns.no/

▼ Teatro Nacional.

Por la península de Nordnes

Distancia
2,7 km

Tiempo
2-3 horas con paradas

Punto de partida
Oficina de Turismo,
Strandkaien, 3

Punto de llegada
Teatro Nacional, Engen 1.

Bar de hielo

En C. Sunds Gate, 50 se halla el **Magic Ice Bergen** (www.magicice.no), un bar donde todo es de hielo, hasta los vasos. Lo más meritorio son las esculturas que adornan la sala, réplicas cristalinas de obras de arte y bustos de famosos. Tienen el detalle de prestarnos ropa de abrigo. Se cobra entrada. Abierto todo el año. Consultar horarios en la web.

▼ Vaso de hielo en Magic Ice.

Este es un bonito paseo, al que se puede llegar en ferry desde el Bryggen. Discurre por la calle C. Sudsgate hasta el acuario y vuelve por Haugeveien, Skottegaten y al Teatro Nacional.

La península de Nordnes es un pequeño saliente de tierra sobre el fiordo, donde se asienta uno de los barrios históricos de la ciudad de Bergen con antiguas casas de madera y villas del siglo XIX.

Desde la Oficina de Turismo, caminamos por Strandkaien hacia el este, desde donde tenemos unas estupendas vistas, las mejores para tomar fotos del Bryggen y el Barrio Hanseático con el Vågen (la bahía) en medio.

El paseo nos lleva hasta **Nykirken,** Iglesia Nueva de culto protestante. Un dato curioso es que en la parte alta de la torre aparece la Ñ para escribir "AÑO 1761". Posiblemente se deba a un artesano hispanoparlante. Bajo la iglesia se ha localizado el **palacio episcopal,** del siglo XIII.

En la misma punta de la península, al final de Strandgaten está el acuario **Akvariet** (Nordesbakken, 4; www.akvariet.no), una de las atracciones más famosas de la ciudad.

Aunque es pequeño, es la mejor representación de la fauna marina del norte de Europa y de los polos, con instalaciones exteriores para focas y pingüinos y más de 60 tanques de agua.

Al lado del acuario hay un **monolito de piedra;** es el monumento a las más de 350 mujeres quemadas vivas en la hoguera por la Inquisición, acusadas de herejías varias entre 1550 y 1700.

Desde el acuario el paseo vuelve por la otra orilla de la península, con preciosas vistas del Mar del Norte y casas de madera blanca de estilo tradicional.

A mitad de camino de vuelta hacia el centro topamos con la **estatua de Amalie Skram** (▶18) y desde ahí casi estamos en la parte de atrás del **Teatro de la Escena** (▶71) y el **Café Opera.**

I CAFÉ OPERA ★★★

Originalmente fue un café literario donde se celebraban animadas tertulias, en las que participaron Ibsen y Bjørnson. Hoy en día es un café moderno y divertido, con actuaciones casi todos los días en verano, y una buena cartelera cultural. Pero también es agradable fuera de los horarios punta, ideal para tomar un café y algún tentempié.

- 65 (B2)
- Engen 18.
- 552 30 315.
- http://www.cafeopera.org/

ALREDEDORES

Fuera de la ciudad, y llegando en transporte público, hay unas cuantas visitas que pueden resultar muy interesantes si se tiene un poco más de tiempo.

▲ Teleférico del monte Ulriken con vistas. del Gran Bergen.

I GAMLE BERGEN MUSEUM ★★

Situado al norte de Bergen, junto al fiordo. Se trata de un museo al aire libre, donde se han levantado o recuperado, traídas de varios rincones del país, unas 50 construcciones tradicionales en madera de los siglos XVIII-XIX. Es un idílico testimonio de la vida de aquellos tiempos. Hay varias casas de oficios: dentista, panadero, boticario, herrero, una escuela y una iglesia entre otros. Se recrea el ambiente con personajes caracterizados que amablemente nos acompañan a conocer los bien recreados interiores de las casas, y hasta podemos practicar juegos tradicionales en la plaza de la iglesia o asistir a una improvisada función teatral en la plaza del pueblo.

- Nyhavnsveien, 4.
- 553 94 300.
- De may. a sep. de 9-16 h.
- Se puede llegar en los autobuses urbanos 3, 4, 5, 6 y 83, desde la Oficina de Turismo o a pie, lo que supone algo más de una hora de paseo.
- Precio económico.
- https://bymuseet.no/museum/gamle-bergen-museum/

● 1 de junio a 15 sept. de martes a viernes de 12 a 16 h., fines de semana de 11 a 15 h. Actualmente cerrada por trabajos de renovación.

⌨ www.lysoen.no

ℹ Se halla en en la isla de Lysøen, al sur de Bergen. Para llegar se toma el tren ligero o bus número 67 hasta Lagunen y desde ahi el número 62 hasta el muelle de Buena desde donde sale un ferry (10 min.) hasta la isla.

☎ 56 30 90 77 (ferry)

💲 Precio económico.

▶ Palacio de Ole Bull en Lysøen.

⌨ www.ulriken643.no

ℹ En el barrio de Landås, a unos 4 km del centro. En verano funciona de 9-21 h y el resto del año de 9-17 h. Desde el centro los buses 20 o 30 llegan hasta la parada de Haukeland Sykenus. Desde la parada de bus hay señales indicativas para llegar a pie. También sale un bus lanzadera desde cerca de la Oficina de Turismo, frente a la librería Norli y se puede comprar el billete del teleférico a bordo o en la Oficina de Turismo.

✉ Barrio Paradis

● De med. de may. a med. de sep. de 10.30-18h.

💲 Precio económico.

❘ LYSØEN   **

La llamada "Isla de la Luz" fue el lugar elegido por el violinista Ole Bull para construir su curiosa y extravagante **casa** en 1873. El músico era ya un fenómeno de masas en su tiempo que atraía a multitud de fans y colegas, para los que construyó esta casa con 13 km de caminos entre parajes naturales.

La casa, llamada "Pequeña Alhambra" por estar inspirada en el palacio granadino, realmente llama la atención por sus delicados adornos en madera, elementos arquitectónicos de estilo oriental y una llamativa cúpula con forma de bulbo.

❘ TELEFÉRICO DE MONTE ULRIKEN   ***

Una buena alternativa para subir a las colinas desde Bergen. El monte Ulriken (643 m) es el más alto de los que rodean a la ciudad. El impresionante ascenso nos lleva a la cima donde las vistas, cuando el tiempo lo permite, son las más completas del Gran Bergen. No solo se alcanza a ver el casco urbano, sino que se aprecian las montañas, el mar, las islas y los fiordos.

Desde la estación en la cima, se pueden iniciar hasta 15 excursiones a pie. Especialmente recomendable es la que lleva a **Fløien** tras 4-5 horas de caminata. Para los más avezados, en dirección noroeste se puede recorrer la falda norte de la ciudad, incluso darse un chapuzón en un lago.

❘ MUSEO DE EDVARD GRIEG (▶30)   ***

❘ STAVKIRKE FANTOFT   **

Está a unos 4 km al sur de Bergen por la E39. En el autobus número 1 desde el centro se tardan unos 10 minutos en llegar a la parada de Fantoft, desde donde se cruza la carretera y se asciende durante unos 15 minutos hasta un bosquecillo en cuyo centro se levanta la **stavkirke**. La iglesia original de Fantoft fue erigida en Sogn en 1150 y trasladada aquí en 1883, pero desgraciadamente en 1992 un fuego provocado por un desequilibrado acabó completamente con ella. La noticia fue recibida con estupefacción y las autoridades se esmeraron en realizar una exhaustiva réplica.

I PALACIO DE GAMLEHAUGEN ✳

Fue construido en 1900 por el primer ministro Christian Michelsen, que gobernó el país en la época de la Independencia de Suecia en 1905. Tras su muerte, la residencia pasó a manos estatales y fue convertida en residencia real y museo, y los alrededores en un bonito parque público. El edificio se asemeja intencionadamente a un castillo escocés y sirve de residencia para visitas oficiales de mandatarios extranjeros.

I VILVITE BERGEN SCIENCIE ✳✳

Este centro de divulgación científica es un museo al más puro estilo noruego, dedicado a poner los experimentos científicos al alcance de todas las edades, sin perder ni un ápice de rigor. Un entorno especialmente diseñado para la didáctica infantil y juvenil. También organizan talleres y divertidos shows con la ciencia como argumento.

▼ Stavkirke Fantoft.

🕐 Solo entre med. de jun. y med. de ago., mié., jue., sáb. y dom. de 12-15 h; visita guiada en inglés a las 12 h. Parque público abierto de 6-22 h.

✉ Thormøhlensgate 51.
☎ 555 94 500
🕐 Los horarios de apertura varían durante el año.
🌐 www.vilvite.no
ℹ Se puede llegar en el tren ligero hasta la parada de Florida o 20 minutos a pie desde el centro.

Fiordos del
oeste noruego

El Hardangerfjord, al sur de Bergen, y el Sognefjord, al norte
de Bergen, son los más extensos y los más interesantes por
los numerosos recorridos y paisajes que ofrece al visitante.
La visita a esta zona está justificada por su enorme belleza natural. Destacan también al norte, el Geirangerfjord y
el Nordfjord. Cada uno de ellos cuenta con varios brazos
que llegan hasta el interior montañoso. El mejor modo de
conocerlos es recorrerlos por tierra y mar, esto es, en autobús o vehículo propio y tomando ferries entre distintas
poblaciones. Es buena idea planificar alguna noche en los
puntos intermedios.

▌Hardangerfjord

El fiordo de Hardanger se halla al sur de Bergen y recorre más de 180 km hacia el interior en dirección noreste con una profundidad máxima de 800 m, dejando un prolongado brazo hacia el sur, el Sørfjorden, otro hacia el este, el Eidfjord, y uno hacia el norte, el Granvinsfjorden. Este fiordo baña y embellece los parques nacionales de Hardangervidda y Folgefonna, con el tercer glaciar más grande de Noruega. Voss, situado al norte del fiordo, es una población muy visitada para realizar las excursiones por esta zona. Una sucesión de cimas de montañas cubiertas por un manto de nieve, valles y bosques, ríos, cascadas y lagos.

Resulta tentador recorrer el interior del fiordo de Hardanger en barco desde Bergen, pero llegar por tierra hasta algunas de las localizaciones a orillas del fiordo permite conocer su entorno natural, no menos interesantes que el propio recorrido en barco por todo el fiordo. Las alternativas más usuales son usar como puertos Ulvik, Lofthus o Utne para la navegación y aprovechar las carreteras para realizar una ruta que nos lleve a los lugares más destacables.

RUTA HAUGESUND – EIDFJORD – VOSS

Desde Haugesund sale la estrecha carreta E134 dirección noreste, y luego la E13 a la altura de Skore dirección norte, que lleva a Odda (132 km) pasando por algunas de las cascadas más espectaculares del

¿Sabías que…?

Visit Norway, la empresa de turismo nacional, organiza unas estupendas excursiones desde Bergen y Oslo para visitar los fiordos en programas que se pueden crear a medida por módicos precios. www.norwaynutshell. com.

◀ Norheimsund, en la orilla oeste del Hardangerfjord.

▼ Valle envuelto en brumas en el Parque de Hardangervidda.

▌Cómo moverse

✔ Desde Bergen, la compañía de **buses** Norway Bussekspress, línea 180 conecta con Oslo y pasa por Voss. Además, la compañía Skyss tiene concesión para realizar los recorridos por la región de Hordland. Presta servicio entre muchas poblaciones aunque los horarios son restringidos. http://www.skyss.no/en.
✔ Los servicios de **ferry** entre distintas poblaciones a orillas del Hardangerfjord los presta Norled, www.norled.no
✔ **Visit Norway** tiene varios circuitos estándar por la zona, más info en https://www.norwaynutshell.com/hardangerfjord-in-a-nutshell/

www.norwaynutshell.com/hardangerfjord-in-a-nutshell/

Norway bussekspress; www.skyss.no/en

www.norled.no

www.sildajazz.no (**Festival Internacional de Jazz de Haugesund**) normalmente en la primera semana de agosto, con más de 200 actuaciones en 2024.

país. La carretera recorre la orilla del Sørfjorden y pasa por las poblaciones de Lofthus y Kinsarvik y luego continúa la carretera 7 por la orilla meridional del Eidfjorden hasta la bella población de Eidfjord (203 km). Adicionalmente, se puede retomar por la carretera E13 hacia Granvin y Voss (255 km) cruzando el fiordo por el imponente puente de Hardanger.

La ruta resulta muy completa, pues podemos ver inolvidables cascadas, glaciares, fiordos y montañas en una jornada llena de lugares impresionantes para sentir toda la fuerza de la naturaleza noruega, especialmente atractivo para amantes de la fotografía.

❙ HAUGESUND ✶✶

Situada al sur de Bergen, y a mitad de camino de Stavanger por la carretera E39. Se trata de una pequeña ciudad industrial, que debe su inicial prosperidad a la pesca del arenque, pero que ha encontrado su lugar en la industria del petróleo, con una enorme refinería, y una de procesamiento de aluminio. La ciudad se enorgullece de ser lugar de nacimiento del padre de Marilyn Monroe, pero no ofrece un gran interés turístico, al margen de su animada vida cultural y de ocio en verano (en agosto se celebran el Festival de Jazz y el Festival Internacional de Cine). Resultan atractivos los alrededores para paseos por la naturaleza.

❙ CASCADA LANGFOSSEN ✶✶✶

Tomando la carretera E134 dirección Skare se pasa por la impresionante cascada de Langfossen, uno de los pocos saltos de agua importantes del país

▼ Cascada de Langfossen.

que no ha sido utilizado para crear electricidad. Se puede parar en un pequeño aparcamiento donde hay una hermosa colección de minerales del país y un quiosco de venta de regalos. Desde allí un túnel peatonal nos acerca por debajo de la carretera hasta la mismísima cascada.

▲ El pintoresco caserío de Odda mojando sus pies en la orilla del fiordo.

| CASCADA LÅTEFOSSEN ★★★

Por la misma carretera se descubren pequeños pero caudalosos ríos, algunas colinas y bosques más allá de las granjas y casas perdidas en la naturaleza. Tras pasar Skare, donde comienza la carretera E13 dirección norte, aparece ante nuestros ojos otra descomunal cascada, Låtefossen donde se puede parar, ponerse el chubasquero y comprobar la fuerza de la caída de agua, que se precipita desde 168 m de altura creando dos chorros que confluyen entre los tres arcos del puente de piedra de la carretera, por lo que también se la conoce como la "Cascada Gemela".

Unos 5 km más adelante, por la misma carretera, se llega a **Vidfoss,** otra cascada prodigiosa, más ancha y con inferior altura, pero que golpea con la misma fuerza, sobre todo en la época del deshielo, durante el verano. En 10 km más se llega a Odda.

| ODDA ★★

La zona tiene yacimientos de carbón, circunstancia que aprovechó la industria para crear una factoría de carburos e infraestructuras para su transporte marítimo y que significó el crecimiento de esta población desde comienzos del siglo XX. Pero su lado rural

Oficina de Turismo de Odda
☎ 480 70 777.
⊟ conexión con Bergen, 3 horas.
🖱 www.hardangerfjord.com

Norsk Vasskraft og Industristadmuseum
🖱 www.nvim.no

más tradicional no se ha perdido y hay granjas con algunas plantaciones de frutales pegadas a la orilla.

En la población de 7.000 habitantes se puede visitar el **Norsk Vasskraft og Industristadmuseum,** para comprender la historia industrial del lugar. Pero lo verdaderamente importante es que desde aquí se pueden realizar varias excursiones de interés.

▌ PARQUE NACIONAL DE HARDANGERVIDDA ★★★

Se encuentra al este de Odda. Fue fundado en 1981 y es el más extenso del país con un enorme altiplano de más de 100 km² dentro de los 3.422 km² de extensión total al sur de la línea férrea entre Oslo y Bergen.

Es un lugar histórico de paso entre Oslo y los fiordos, por lo que se han conservado infinidad de rutas, ahora dedicadas al senderismo, donde es fácil encontrar renos entre abedules y coníferas, así como una variada presencia de aves. Cuenta con las especies árticas más al sur del círculo polar ártico. En las partes más altas, la tundra, el liquen y el musgo dan el relevo a los árboles.

La mejor época para observar los renos en la meseta de la zona norte del Parque es de de agosto a principios de octubre.

● ● ● ● ● ● ● ● ● ●

◯ www.hardangervidda.com

▼ Reno pastando en Hardangervidda y glaciar del Parque Nacional de Folgefonna.

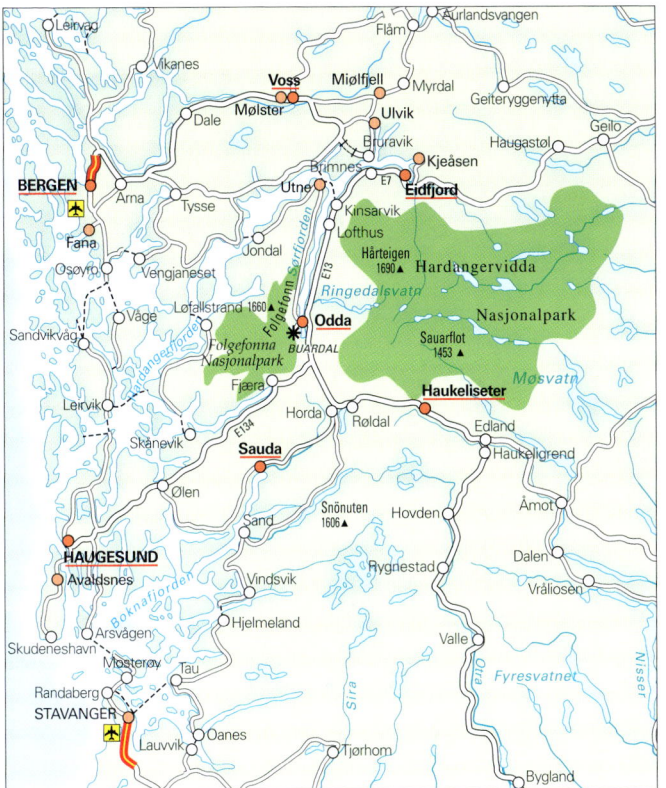

ı PARQUE NACIONAL DE FOLGEFONNA ★★★

Se extiende al oeste de Odda. Acoge el tercer glaciar más grande de Noruega: el **Søndre Folgefonna,** uno de los más meridionales de Noruega. En 2005 se inauguró el Parque Nacional de Folgefonna, que en ese momento era el vigésimo quinto parque nacional de Noruega. Folgefonna es conocida por su espectacular y hermoso paisaje y cuenta con 545 km^2 de extensión, de los cuales casi 200 km^2 son glaciares.

El lugar es extraordinario para la práctica del senderismo, aunque en realidad se ha hecho famoso porque conserva las condiciones idóneas para esquiar, incluso en verano. Las pistas están a 1.200 m de altura y disponen de tiendas de alquiler para equiparse por completo. También se pueden hacer excursiones por el hielo del glaciar, pero solo con guías oficiales.

Fonna Glacier Ski Resort, estación de esquí
⌚ www.folgefonn.no/en/home

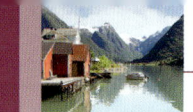

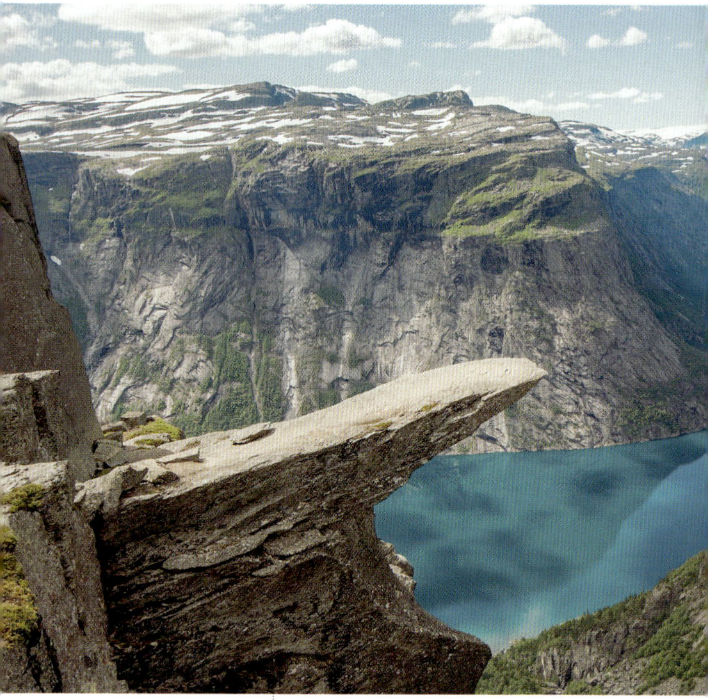

¿Sabías que...?

Los fiordos son el producto de sucesivas glaciaciones, en especial las del periodo Cuaternario, acompañado de la subida de los niveles del mar en los estrechísimos valles que llegan hasta el océano.

BUARBREEN Y TROLLTUNGA ***

Para quienes quieran ver el glaciar sin tener que caminar, a 7 km al sudoeste de Odda por la carretera Rv13 se llega a un valle al que asoma el **Buarbreen,** la más espectacular y accesible de las lenguas del glaciar Søndre Folgefonna, desde donde se puede realizar una excursión a pie.

Desde Odda, la carretera continúa hacia **Tyssedal,** una pequeña población sin mucha trascendencia, pero que está bien situada para conocer otro de los puntos más impresionantes del sur de Noruega, el **Trolltunga,** la "Lengua del Troll". Se trata de una enorme prominencia de roca a una elevación de 1.100 m y sobresaliendo 700 m sobre el lago Ringedalsvatnet.

Solo se puede llegar caminando desde alguno de los aparcamientos de Skyjeggedal (desde el segundo empieza la ruta oficial) con una caminata muy exigente de 4 o 5 horas para subir y otras tantas para bajar para recorrer 23 km. Aunque se puede acampar para suavizarlo en dos jornadas, la

◀ Vista de la impresionante formación calcárea de Troltunga o Lengua del Troll.

▼ Raza de vaca peluda o de las tierras altas, muy extendida en Noruega en la tranquila aldea de Buarbreen.

excursión requiere una preparación especial, para lo que conviene ponerse en contacto con la Oficina de Turismo de Odda. Hacer senderismo no está permitido de octubre a marzo y desde mediados de marzo solamente se puede hacer el recorrido acompañado de un guía y equipado con calzado específico para la nieve.

▌ LOFTHUS ★★

Desde Odda a Lofthus, durante 35 km continúa la carretera E13 por la orilla oriental del particular **Sørfjorden,** el brazo más largo que se deriva del fiordo de Hardanger, estrechándose hasta el límite en algunos puntos y dejando zonas de cultivo de frambuesas, peras, manzanas y algunos prunos, que en primavera ofrecen un paisaje de flores y abundancia. En la población de Lofthus no hay nada muy reseñable, más allá de la tranquilidad de sus casas, sobre todo en el sur del pueblo, donde se percibe claramente el modo de vida noruego, siempre en contacto con la naturaleza.

🚌 Conexión en bus con Eidfjord, Kinsarvik y Odda; www.skyss.no.

⛴ Entre 1 de may. y 1 de sept. hay conexión con Utne, Ulvik, Kinsarvik y Odda; www.norled.no

• • • • • • • • •

🚌 Conexión en bus con Odda, Lofthus y Eidfjord; www.skyss.no

⛴ Entre 1 de may. y 1 de sept. conexión con Eidfjord, Lofthus, Norheimsund, Ulvik y Utne. Con Utne y Kvanndal todo el año; www.norled.no

► El impactante puente colgante de Hardangerbrua.

▼ Casas de madera en Kinsarvik.

También se puede visitar en la población una iglesia del siglo XIII, la **Ullensvang kirke**, construida por escoceses originalmente y modificada varias veces a lo largo de los siglos.

❙ KINSARVIK   ✱✱

Saliendo de Lofthus, 11 km más adelante por la misma carretera se llega a Kinsarkiv. Es una de las poblaciones más bonitas de la zona, en donde tenía lugar un importante mercado en tiempos medievales gracias a la especie de bahía que describe el fiordo y que servía de puerto para barcos cargados de mercancías. En la actualidad funciona como muelle para los ferries que recorren el fiordo de Hardanger.

Lo más destacable del pueblo es la **iglesia** de piedra **de San Olav,** una de las más antiguas del país (siglo XII) y que, según se cree, fue usada usada por marineros para guardar aparejos y otros utensilios marítimos. Posiblemente también se utilizó como fuerte en algunas ocasiones, ya que cuenta con poderosos muros y estructuras defensivas.

En el pueblo hay bastantes lugares para dormir y comer, por lo que resulta un punto interesante para emprender excursiones por los alrededores.

❙ EIDFJORD   ✱✱

Se llega siguiendo por la E13 desde Lofthus, y tras pasar la pequeñísima población de **Bjotveit** se continúa por la carretera 7. El recorrido no se separa del precioso fiordo que da nombre a la población y que también cuenta con un puerto utilizado en los paseos por el Hardangerfjord.

Parece que el lugar ya fue un asentamiento vikingo que concentraba una población importante para la época. Desde luego el emplazamiento es idílico, con las montañas del glaciar de Hardangerjøkulen al este como telón de fondo.

En los alrededores se puede disfrutar de uno de los grandes atractivos del sur de Noruega: la **cascada de Vøringfossen**, la más alta de Noruega, con una caída ininterrumpida de 163 m, en un paraje sublime. Para llegar desde Eidfjord, la carretera 7, que se adentra en el Parque Nacional de Hardangervidda, hace un recorrido épico en paralelo a la antigua carretera convertida en ruta pedestre y pista de ciclistas. Atraviesa hasta cuatro túneles, obras prodigiosas de ingeniería civil, para acabar con unas preciosas vistas a la salida.

La obra permite superar el valle de Måbødalen, el paso que da acceso a la meseta de Hardangervidda y en 16 km se llega al aparcamiento de la cascada, desde donde se puede hacer una preciosa ruta a pie de dificultad media y bien señalizada de 1,7 km, que lleva hasta el mirador principal de la cascada. Hay varios puestos para observar la mole que atrae toda la energía de la zona; desde todos ellos, el espectáculo es verdaderamente ensordecedor.

I HARDANGERBRUA ★★★

La carretera 13 que sale de Bjotveit se adentra en una de las obras de ingeniería más espectaculares de Europa, el complejo de puente y túneles de Hardanger, que cruza el fiordo durante 108 m, unido a dos túneles con una iluminación

Oficina de Turismo Eidfjord
- Ostangvegen, 1.
- 536 73 400.
- Conexión en bus con Kinsarvik, Geilo y Lofthus.
- Entre 1 de may. y 1 de sept. con Kinsarvik, Lofthus, Norheimsund, Ulvik y Utne; www.norled.no
- www.visiteidfjord.no

▲ Casa típica, con el tejado cubierto de vegetacion, cerca de Eidfjord.

que recuerda a las luces del norte y que horadan las montañas a cada uno de los lados del fiordo. La obra es espectacular y el peaje considerable, pero la experiencia de recorrerlo resulta muy instructiva sobre la capacidad de los noruegos para salvar las dificultades orográficas.

Tras pasar el puente y los túneles, dirección norte se continúa hacia **Granvin,** una pequeña población donde termina la carretera 7 y sale la 13, que lleva hacia Voss (30 km) pasando por otra cascada visitable a 14 km, la **Skjervsfossen,** espectacular como todas las de la zona. Tiene una doble caída de agua separada en dos alturas que suman 150 m.

▌ VOSS (VOSSEVANGEN) ✱✱

Es la principal población cercana al fiordo de Hardanger, y antiguo centro administrativo del reino de Voss. Cuenta con 14.000 habitantes y una gran reputación como referente del turismo de naturaleza y aventura. Se ubica en el interior, pero a la orilla del lago Vossenvagen. Desde hace más de dos siglos se comenzaron a crear infraestructuras para la práctica de esquí alpino y hoy dispone de más de 55 km de pistas y 20 km de remontes.

Atraídos por la práctica de deportes de invierno, se han ido adaptando a la demanda de nuevos deportes, siempre a la vanguardia de los desafíos inventados para disfrutar en la naturaleza: se puede practicar rafting, kayak, skidiving, vuelos en parapente y también hacer rutas en bicicleta de montaña o de descenso, a caballo o a pie.

Oficina de Turismo de Voss
✉ Skulegata 14.
☎ 406 17 700.
🚆 Línea férrea Oslo-Bergen; www.nsb.no (4-5 diarios).
🚌 Hay varias conexiones y compañías: Nettbuss (www.nettbuss.no) y Skyss (www.skyss.no).

La población es muy tranquila, solo se ve perturbada por la llegada de turistas que se acercan a visitar su monumento más emblemático: la **iglesia de San Olav**, construida en piedra en 1023 en el mismo lugar donde el santo erigió una cruz de madera, de la que aún se conservan algunos restos en las inmediaciones del templo.

En el pueblo se celebra anualmente el **festival Vossa Jazz** (www.vossajazz.no), normalmente en el mes de abril, que también atrae a numeroso público.

En los alrededores de Voss, en la carretera E16 que va hacia el Sognefjord, a 11 km se encuentra quizá la más famosa de las cascadas del sur del país: **Tvindefossen**, retratada ya en 1830 por Johan Dahl, uno de los más grandes pintores noruegos.

Tiene una altura de caída de 110 m e infinidad de hebras de agua que produce el arroyo Kroelvi al precipitarse por el acantilado. En invierno queda congelada para volver a moverse en primavera con fuerzas recobradas. Cuenta con una zona de parque alrededor, un aparcamiento y una tienda de recuerdos.

¿Sabías que…?

Hay varios complejos de pistas alpinas en la zona de Voss, como Bavallen, Hangur y Slettafjell, y esquí de fondo, en Mjøfjell.

▼ Cascada de Tvindefossen, en las cercanías de Voss.

 Conexión en bus con
Eidfjord, Kinsarvik y Voss;
www.skyss.no.

Entre 1 de may. y 1 de sept.
con Eidfjord, Kinsarvik,
Norheimsund y Utne;
www.norled.no

¿Sabías que…?

En Ulvik se cultivaron por primera vez patatas en Noruega, allá por 1765. Hoy en día son la piedra angular de la alimentación del país.

Utne es la parada
intermedia del ferry
Kvanndal-Kinsarvik; www.
norled.no. Conecta entre
1 de may. y 1 de sept. con
Eidfjord, Kinsarvik, Lofthus,
Norheimsund y Ulvik.

Comunicación con Odda y
Jondal; www.skyss.no.

Hardanger Folkemuseum

Jul y ago de 10 h a 17 h,
jun y 1 de sept de 10 h
a 16 h, resto del año,
de lunes a vier de 9 a 15 h.

https://
hardangerfolkemuseum.no/
en/

Conexión entre de may. y
ago. con Eidfjord, Kinsarvik,
Ulvik, Lofthus y Utne;
www.norled.no.

Línea 180 de Nor-Way
Bussekpress a Bergen.

FUERA DE LA RUTA

❚ ULVIK ★★

El pequeño pueblo en la orilla septentrional del Eidfjord es conocido dentro del país por sus cultivos de árboles frutales, que se concentran cerca de la orilla, aprovechando cada rayo de luz que brinda el reflejo del agua del fiordo. También, para los interesados en la ornitología, el lugar se presta al avistamiento de aves pequeñas (más de 80 especies), relacionadas con los árboles y cultivos de la zona. Toda la comarca alrededor del pueblo está surcada por colinas llenas de senderos y caminos para paseos cortos, mucho más interesante que el pueblo en sí.

En las afueras, a 11 km por la carretera 572, se halla otra catarata espectacular, la **Espelandsfossen,** con una caída de 75 m en dos columnas que rivalizan en caudal.

El pueblo es idóneo para tomarlo como base para descubrir la zona. Hay varios lugares para pasar la noche y comer, como el clásico **Hotel Brakanes,** a la orilla del fiordo.

❚ UTNE ★★

Está situado en la península que separa el fiordo de Hardanger con su brazo, el Sørfjorden, por lo que ofrece unas estupendas vistas del conjunto, incluso se puede divisar el Parque Nacional de Hardangervidda al este. Además tiene un muelle, en el centro del pueblo y al lado del museo, que conecta con poblaciones en ambos fiordos. Todo el lugar está rodeado de granjas, huertos y pastos y es famoso por sus frutas.

En la población podemos visitar el interesante museo al aire libre, el **Hardanger Folkemuseum,** Museo Popular de Hardanger, que recupera tradiciones, utensilios y formas de vida de la región, mostradas en un espacio verde salpicado de construcciones típicas rurales.

❚ KVANNDAL ★

Enclavada en la parte septentrional del Hardangerfjord sobre la carretera 7, dentro de un valle que está abierto al fiordo y que tiene muelle donde paran los barcos que conectan con Utne y Kvandisk (www.norled.no).

❚ NORHEIMSUND ★★

Es la población que se encuentra en la cabecera del Hardangerfjord, en su costa septentrional. Cuenta con un muelle donde los barcos que pasean por el

▲ Vista de Jondal.

fiordo hacen parada, aunque el pueblo está dedicado a la construcción de muebles y carece de gran interés turístico, más allá de su emplazamiento y belleza de los alrededores.

Hacia el oeste sale la carretera 7 que en 3 km llega a la **cascada de Steinsdalsfossen**, una de las atracciones naturales más visitadas de Noruega, que se hizo famosa por las visitas anuales del káiser Guillermo II hasta la Primera Guerra Mundial, quien estaba prendado de su belleza. La caída de agua es más modesta que la de sus iguales de la zona con un total de 46 m, pero el paseo permite subir hasta la colina desde donde cae el torrente e incluso pasar por detrás de la cortina de agua.

▌ JONDAL ★★

La población goza de un emplazamiento envidiable, en la entrada del Hardangerfjord y sobre su orilla meridional. Además de la conexión marítima, su emplazamiento resulta muy interesante para acceder en vehículo al **Parque Nacional de Folgefonna** (▶81), que queda al sur.

Conexión con Utne, Sunndal y con el resort de ski.
Conexión todo el año con Tørvikbygd (a 12 km al sur de Norheimsund).

▌Sognefjorden

La región del fiordo de Sogn se extiende alrededor de los múltiples brazos del fiordo y comprende la región administrativa homónima.

El rey de los fiordos se adentra desde el mar del Norte hasta los Alpes noruegos a lo largo de 204 km, desparramándose en media docena de brazos principales hacia el norte y el sur, con una profundidad de más de 1.000 m en la mitad del fiordo y montañas en sus orillas que alcanzan más de 1.400 m de altitud. Además de la belleza del fiordo, la naturaleza circundante con los parques naturales de Jostedal y Breheimen, al norte, y el de Jotunheim, al este, propician que la zona ofrezca un completo abanico de maravillas naturales. Entre las poblaciones que se asientan en la orilla del Sognefjord hay algunas verdaderamente destacables por su patrimonio paisajístico y cultural aunque, como en la zona de los fiordos, lo interesante para el viajero será dejarse llevar por los caminos que unen dichas poblaciones aprovechando para admirar las maravillas naturales como cascadas, glaciares, montañas, junto a pequeños núcleos rurales y algunas *stavkirke*.

A lo largo de toda la orilla septentrional circula la carretera 55 que ofrece una bella ruta atravesando parajes memorables y dos de los brazos más interesantes del gran fiordo: el Fjaerlandfjord y el Lusterfjord. Menos espectacular pero igual de interesante es la zona meridional, con el Naeryfjord y el Aurlandsfjord, por donde pasa la carretera E16. También es posible llegar en barco directamente desde Bergen y desde Balestrand o Leikanger conectar con los barcos de paseo que recorren el Aurlandsfjord, donde se halla el famoso tren de Flåm.

◄ Vieja embarcación en Sognefjord.

▼ Stavkirke de Ornes.

▌Cómo moverse

Desde Bergen u Oslo se suele visitar la zona oeste de Noruega en vehículo propio o mediante la combinación de diferentes transportes públicos (bus, tren y ferry), en cuyo caso, lo mejor es comprar el pack completo de algunos viajes de jornadas de un día o más que organiza la entidad nacional de Turismo a precios muy razonables. En las oficinas de turismo además nos ayudarán a hacer combinaciones de estos viajes y adecuarlos a nuestros gustos. Aquí todas las opciones: https://www.fjordtours.com/

✔ **Info general**: www.sognefjord.no

✔ Toda la región está conectada por **autobús** entre poblaciones adyacentes a los fiordos y desde Bergen y Oslo. Compañías.
www.kringom.no
www.skyss.no
www.nor-way.no
Para información de horarios y rutas:
www.ruteinfo.no
Nettbus une Bergen con Flåm, Gudvangen en la orilla meridional del Aurlandsfjord y con Sogndal y Kaupanger en la septentrional.
✔ Para conocer las rutas por carreteras más destacadas, https://www.nasjonaleturistveger.no

Por mar

✔ Info práctica **cruceros** por el Sognefjorden: *Fjord1* (www.fjord1.no) se encarga de las rutas principales.

✔ **Sognefjord** y **Aurlandsfjord**. Bergen-Sogndal-Aurland-Flåm. Dos salidas al día en verano. En invierno solo va a Sogndal.

✔ **Nærøfjord.** Gudvangen-Aurland-Flåm, desde el oeste, un barco diario en invierno y dos en verano. Gudvangen-Kaupanger-Lærdal, cuatro barcos al día solo en verano.

✔ **Fjærlandsfjord.** Leikanger-Balestrand-Fjærland, un barco diario con salida de Leikanger y dos de vuelta desde Fjærland. Solo funciona en verano desde Balestrand.

✔ **Lusterfjord.** Flåm-Aurland-Lærdal-Ornes, un barco diario en verano.

RUTA POR EL SOGNEFJORDEN

BALESTRAND   **

Es una de las principales poblaciones del fiordo de Sogn, en un emplazamiento espectacular, con preciosas vistas alrededor y muy bien situada para conectar con todos los brazos del fiordo de Sogn. Ha sido destino turístico de descanso y reposo desde mediados del siglo XIX. El káiser Guillermo II y la burguesía del norte de Europa, en especial la británica, se daban cita aquí a principios del verano, con el escenario del deshielo en las montañas del Jostedal, para descansar y disfrutar de bellísimas vistas.

Dentro del pueblo se puede dar un paseo cerca del muelle, y visitar la **antigua estafeta de Correos.** Se deben visitar también algunas galerías de arte y sobre todo acudir al **Sognefjord Akvarium,** Acuario del Sognefjord, con una interesante muestra de la fauna marina del fiordo con más de 100 especies. Es una visita muy didáctica y amena, con proyección de documentales y actividades de paseo en canoas y pesca.

Otro lugar interesante y pintoresco es el gran **Hotel** histórico **Kvikne,** construcción de 1877 en madera, pintada en color marfil y con bonitas decoraciones exteriores, que en su momento fue el edificio en madera más grande de Escandinavia.

En una de las colinas de la población se levanta la curiosa, **St. Olav Kirke,** de 1897 y que de algún modo es un tributo a las *stavkirke.* Como curiosidad hay que destacar que es de rito anglicano y pertenece a la diócesis inglesa de Gibraltar.

Cerca del mar, nada más salir de la ciudad se levantan dos **túmulos vikingos,** donde jefes de este

pueblo fueron enterrados con sus ajuares funerarios, acompañados por una **estatua** conmemorativa del rey Bele, donada por el káiser Guillermo II, gran amante del lugar y de las leyendas nórdicas.

A solo 9 km de Balestrand se halla **Dragsvik**, una pequeña población conectada por barco con Vik, en la orilla meridional del Sognefjorden, donde se alza la **stavkirke Hopperstad** del siglo XII, bien conservada y de gran interés cultural sobre todo por su interior, mucho más ricamente decorado que la mayoría de iglesias de su estilo. Destacan el baldaquín, tallado con filigranas vegetales, y las imágenes policromadas de la vida de la Virgen. Tiene un espacio central interior bastante alto para los estándares de estas construcciones y tres portales de entrada, el principal, en el oeste, cuidadosamente tallado en madera.

En los alrededores del pueblo se pueden realizar rutas a pie que conducen a escenarios idílicos. Hacia el oeste se puede subir por un sendero a una de sus colinas, **Orrebaken**, en dos horas de agradable paseo coronado con espléndidas vistas a 370 m.

Oficina de Turismo Balestrand
- ✉ Situada al final del muelle.
- ☎ 948 77 501
- 🚢 Con Mundal, al final del Fjærlandsfjord solamente en junio y julio. Con Bergen, Flam y Sogndal todo el año; https://www.fjordtours.com/
- 🚌 La parada está cerca del muelle y conecta con Sogndal, desde donde hay buses a localidades más grandes.

Acuario
- 🕐 Abierto de mayo a septiembre.
- ☎ 971 64 855
- 💻 www.kringsja.no/akvarium.html

▲ Stavkirke Hopperstad.

◀ Dos imágenes de Balestrand.

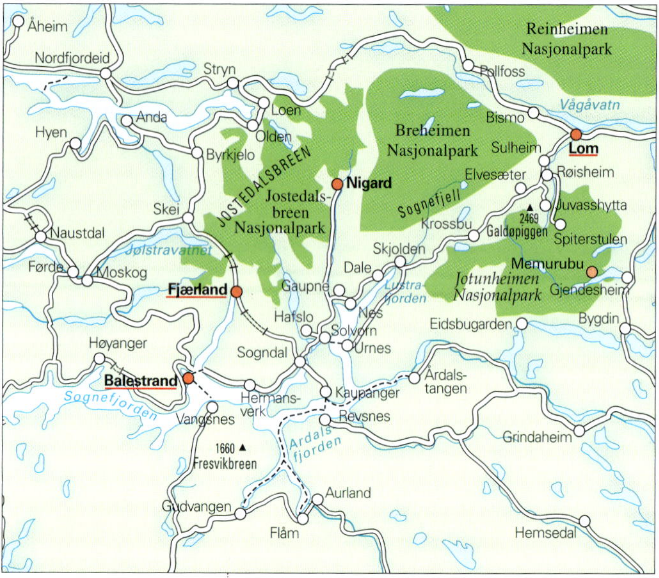

Oficina de Turismo Mundal

- ✉ Situada a 300 m del muelle.
- ☎ 947 98 036.
- 🚌 La parada está cerca del Museo de los Glaciares, conexión con Oslo, Fløro y con Sogndal.
- 🌐 www.fjaerland.org

▌ MUNDAL Y BØYABREEN ⭐⭐⭐

La población de Mundal o Fjærland está situada al final del **Fjærlandsfjorden,** uno de los brazos del Sognefjorden más anchos y largos, que llega casi hasta las lenguas meridionales del glaciar Jostedal, donde se asienta la pequeña población. Hasta mitad de los años 1980, la conexión por carretera con el pueblo era inexistente, lo que explica que haya viviendas y construcciones de aspecto muy rural. El pueblo resulta muy agradable y curiosamente en él han proliferado las librerías –la práctica de la lectura está cada día más extendida en el país–, lo que se ha convertido en un reclamo más para recorrer la zona.

En las inmediaciones hay granjas que se pueden visitar en preciosas excursiones a pie en verano, rodeadas de paisajes que presumen de ser los más evocadores de los fiordos: bosques de coníferas y abedules que cubren desde el agua hasta alcanzar las cumbres más altas que conforman la zona meridional del **Parque Nacional Jostedalsbreen,** que contiene el glaciar más grande Europa continental.

Durante los días estivales, Mundal se convierte en base de operaciones para las excursiones a alguna de las dos lenguas de glaciar más cercanas:

Suppehellebreen, más cercano a la población de Fjærland pero menos espectacular que **Bøyabreen.**

Esta última cuenta con un interesante centro de interpretación sobre los glaciares, el **Norsk Bremuseum,** Museo Noruego de los Glaciares, donde se explica la formación e historia de los glaciares, en especial el glaciar Jostedalsbreen. Es un museo interactivo donde se realizan experimentos y demostraciones a escala para explicar los fenómenos naturales asociados a estos monstruos de hielo. No hay que perderse la proyección de la película *A vista de pájaro sobre el Jostedal, que resulta muy ilustrativa.* El museo funciona también como Oficina de Turismo del Parque Nacional de Jostedalsbreen, por lo que asesoran sobre todo tipo de excursiones y paseos.

Una excursión muy recomendable sale desde el Museo de los Glaciares. Se continúa 8 km por la carretera 5 y se accede por un camino señalizado unos 600 m hasta el aparcamiento con cafetería. Desde ahí comienzan varias excursiones a pie de distinta dificultad, aunque caminando unos cientos de metros, se llega hasta un bellísimo **lago** donde deshiela la lengua del glaciar **Bøyabreen.**

En verano hay conexión en autobús desde el muelle de Mundal o Fjærland con parada en el Bremuseum y en el aparcamiento de Bøyabreen.

Norsk Bremuseum
- Situado a 2 km de Fjærland por la carretera 5 sentido norte.
- Abr., may., oct. de 10 -16 h, de jun. a sept. de 9-19 h, de nov. a mar.: previa reserva.
- www.bremuseum.no

▼ Lengua de Bøyabreen, en el glaciar Jostedalsbreen.

Oficina de Turismo Sogndal

✉ Hovevegen 2, en la kulturhus a 500 m de la estación de buses.

☎ 911 36 403.

🚌 Con Balestrand, Bergen y Vik. También hay conexión Kaupanger-Gudvangen de mitad de mayo a mitad de sept.; www.fjordtours.com

🚌 Con Bergen, Flam, Gudvangen y Voss; www.skyss.no.

✈ Vuelos locales que conectan con Bergen; www.wideroe.no. Del pueblo sale una lanzadera una hora antes de cada vuelo.

Kaupanger Stavkirke

✉ Kyrkjrgata. A 12 km de Sogndal hacia el sureste por la carretera 5.

🕐 De jun. a ago. de 10-17 h.

🚌 Desde Sogndal (Nor-way línea 450 con parada en la iglesia).

🌐 www.stavechurch.com

▼ Casas tradicionales en Kaupanger.

▎SOGNDAL ★★

Es una de las mayores poblaciones de la zona con más de 7.000 habitantes, pero con poco encanto para el turismo aunque es el nudo de comunicaciones más importante de Sognefjord, pues cuenta incluso con aeropuerto. Lo más interesante se encuentra en las inmediaciones.

La **Kaupanger stavkirke,** iglesia de madera de Kaupanger, es patrimonio nacional, situada en una parcela rodeada de cultivos y bosques que ascienden hacia la montaña y que dejan las vistas del fiordo como telón de fondo.

Originalmente construida en el siglo XIII sufrió bastantes modificaciones. En el interior destaca el altar y la pila bautismal, ambas del siglo XVII. El espacio central queda sustentado por enormes columnas de madera, nueve de ellas originales con más de 800 años de historia. También son memorables las arcaicas inscripciones musicales en uno de los laterales de la nave principal.

ALREDEDORES DE SOGNDAL

▎SOLVORN ★★

A 17 km por la carretera 55 hacia el noreste desde Sogndal. Es una población del **Lusterfjorden,** otro de los brazos del Sognefjorden, desde donde se cruza en ferry al pequeño pueblo de **Ornes,** para visitar una de las más importantes *stavkirke* de Noruega, la **Urnes stavkirke.** La iglesia de madera de Urnes es posiblemente la más antigua de todas las que

◀ Iglesia de Urnes, de las
más antiguas del país.
Al lado, un detalle de la
delicada talla en madera
de su decoración.

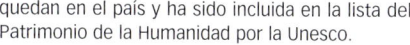

🚌 Conexión en bus desde
Sogndal.
⛴ Conexión con Ornes,
www.lustrabaatane.no

quedan en el país y ha sido incluida en la lista del Patrimonio de la Humanidad por la Unesco.

Su emplazamiento alejado y resguardado ha permitido que su conservación sea excelente, en especial las delicadas ornamentaciones del portal principal, que provienen de otra iglesia aún más antigua ya inexistente, posiblemente del siglo XI.

En el interior encontramos una buena iluminación, algo poco común, y que permite ver los valiosos capiteles originales tallados en madera con representaciones de animales. Como curiosidad, cabe destacar que la iglesia cuenta con unos bancos cerrados con una celosía con forma de reja, que era el lugar para que los reos asistieran a la liturgia semanal.

I CASCADA DE FEIGEFOSSEN ★★★

Desde la iglesia de Urnes, a 14 km por la carretera Fv331 que discurre pegada al Lusterfjorden, llegamos a la cascada que, con una altura de 218 m, es una de las más altas de la zona y que se nutre de los deshielos que llegan antes al lago homónimo.

Desde la carretera se puede hacer un recorrido a pie de 45 minutos pasando por dos miradores a 150 y 220 m de altura, que permiten distintas perspectivas de la enorme masa de agua en movimiento. Hay carteles indicativos hacia los miradores, conviene llevar chubasquero.

❚ GLACIAR NIGARDSBREEN   ⭐⭐⭐

A 65 km de Sogndal se extiende una de las más impresionantes lenguas del glaciar Jostedal. Desde Sogndal la interesante carretera 55 continúa rodeando todo el Lusterfjorden hacia el norte hasta **Gaupne,** desde donde sale la carretera 604 que nos lleva hasta un primer aparcamiento donde hay un centro de interpretación sobre los glaciares, el **Breheimsenteret,** y las mejores vistas panorámicas del Nigardsbreen. En el museo se hace un sugerente recorrido por la historia del planeta, haciendo especial hincapié en los procesos climáticos que explican las eras glaciares. También hay una bonita colección de fotografías históricas que muestran el retroceso de las lenguas del glaciar Jostedal desde el siglo XIX.

Un poco más adelante se llega a un segundo aparcamiento desde donde se puede caminar hasta el último hielo del Nigardsbreen en un paseo algo accidentado de una hora y media sobre rocas y tramos de sendero cerca de la orilla. En verano se puede cruzar en barca el lago del deshielo, desde donde, en 30 minutos, dando un paseo se toca el glaciar.

La lengua del Nigardsbreen zigzaguea descendiendo hacia el lago de lechosas y gélidas aguas, producto de la pasta de roca erosionada y crea un río vivo y caudaloso que recorre un valle extremadamente estrecho y alargado donde las cascadas se precipitan desde la parte alta del Jostedal y forman un paisaje espléndido que riega los arándanos silvestres que crecen en las paredes del valle. Es una de las lenguas más atractivas y accesibles del gran glaciar Jostedal.

▲ Glaciar Nigardsbreen, una de las más bellas lenguas del Jostedalsbreen.

EN LA OTRA ORILLA DEL FIORDO

▲ La carretera 55 atraviesa un paisaje espectacular entre lagunas y glaciares.

❚ RUTA NACIONAL SOGNEFJELLET ★★★

El recorrido por la llamada **carretera Sognefjells-veg,** la carretera 55 desde **Luster** hasta **Lom,** es de los más pintorescos e impresionantes de toda la región del Sognfjorden. Discurre entre el Parque Nacional de Jostedal, su continuación: el Parque Nacional de Breheimen, y otra de las más importantes zonas naturales del país, el Parque Nacional de Jotunheim. Está catalogada como "Ruta Turística Nacional", y atraviesa el paso de montaña más alto de todo el norte de Europa: **Sognefjellet** a 1.434 m de altura. La climatología permite solo recorrerla entre mayo y noviembre. En Lom se encuentra una bonita *stavkirke* (**10 lugares inolvidables** ▶33).

❚ JOTUNHEIMEN NASJONALPARK ★★★

El **Parque Nacional Jotunheim,** cuyo nombre significa "gigantes de hielo" hace referencia a la mitología nórdica, en concreto a los eternos enemigos de Odin y Thor y que representan los elementos de la naturaleza ingobernable: las fuerzas del Caos. No es para menos, pues el parque es un conjunto de 1.150 km^2 con las más altas montañas de Escandinavia, el **Galdøppiggen** (2.469 m) y el **Glittertind** (2.465 m), coronando el impresionante espacio natural. Pero también hay glaciares y bellas cascadas que corren hasta los valles, especialmente atractivos al final del verano, con la caída de las hojas de los fresnos y abedules.

🌐 www.visitjotunheimen.com; www.memurubu.no; www.jotunheimen.com

▲ Réplica de una
embarcación vikinga
en Gudvangen.

NÆRØYFJORDEN Y AURLANDSFJORDEN ***

Los brazos del fiordo más accesible del Sognefjord desde Bergen y Oslo son el fiordo de Nærøy y Aurlandsfjord, ambos situados en la parte sur y bastante en el interior. Es el lugar idóneo para subirse a los cruceros que hacen un recorrido recreativo entre estos brazos. Además existe la posibilidad de unir este trayecto al del famoso **tren de Flåm** (▶22), que a su vez conecta en Myrdal con la línea férrea de Oslo-Bergen.

En Aurlandsfjord hay varias localidades interesantes para atracar en sus muelles y visitar, como **Aurland, Undredal** y **Flåm**. En el otro bazo más occidental, el fiordo de Nærøy, se halla el antiguo poblado de **Gudvangen**. Entre los dos fiordos también se puede recorrer la E16 que a través de túneles une Gudvangen y Flåm en 20 minutos.

Ambos fiordos y sus zonas adyacentes ofrecen un panorama visual sobrecogedor que bien pueden resumir el paisaje del oeste de Noruega: una infinidad de valles a distintas alturas rodeados de enormes montañas de las que se descuelgan cascadas que llegan hasta la orilla de los fiordos.

GUDVANGEN **

Se trata de un pequeño enclave, que ya fue poblado en época vikinga, al final del estrecho brazo del fiordo de Nærøy. Para recrear el pasado hay una réplica histórica de un *drakkar* en un bonito emplazamiento para fotografiarse con el fiordo detrás. Las paredes verticales que rodean la pequeña población ofrecen un espectáculo digno de mención durante la primavera, cuando las cascadas que vierten agua y nieve al fiordo despiertan de su congelación. Hay un restaurante donde comer a cualquier hora, acompañado de una tienda de recuerdos y un pequeño complejo hotelero para dormir. Destacan las cubiertas de las cabañas que usan la técnica tradicional de los tejados vegetales a base de turba.

El mayor interés del lugar, además de su paisaje, es la posibilidad de conexión en barco que ofrece. De hecho, el recorrido más famoso que se realiza en el fiordo de Sogn une las localidades de Gudvangen y Flåm.

AURLAND **

El barco de paseo que hace el recorrido entre Gudvangen y Flåm para en Aurland y a veces en Undredal, ambos ya en el **Aurlandsfjord** a menos de 30 minutos en coche de Flåm.

⊡ Desde ese muelle salen varios barcos que hacen distintos recorridos por el fiordo. Entre otros, Kaupanger, Balestrand y Bergen y los muelles del Aurlandsfjord con final en Flåm. Hay una oficina de información y venta de billetes frente al muelle.

▣ Conexión con Bergen, Flåm, Sogndal y Voss.

◗ www.gudvangen.com

Oficina de Turismo Aurland
☎ 917 94 164.

En **Aurlandsvangen** algunos pasajeros aprovechan para bajar y comenzar la preciosa ruta a pie del **Aurlandsdalen**, valle de origen glaciar de unos 40 km de longitud. A veces conocido como el Gran Cañón de Noruega, es una ruta muy apreciada por los montañeros de toda Europa.

Aunque quizá más espectacular pueda resultar la **Ruta Turística Nacional de Snøvegen**, de 48 km, una espeluznante carretera que cruza el paso de

Aurlandsfjellet a 1.308 m de altura, entre el municipio de Aurland y el de Laerdal Lærdalsøyri. Pasa por uno de los miradores más impresionantes del mundo, el **Stegastein**, a solo 8 km de Aurlandsvangen, al que se llega después de subir, curva tras curva, hasta el aparcamiento desde donde se accede al mirador, una plataforma de 30 m de largo y 4 m de ancho de acero y pino laminado.

Otra opción es atravesar la montaña usando el túnel para vehículos más largo del mundo, con más de 24,6 km de longitud que se inauguró en el año 2000 tras 5 años de trabajos y que encierra varias sorpresas lumínicas en su interior para evitar la fatiga de la vista ante semejante monotonía.

▲ Estampa del Aurlandsfjor desde el mirador de Stegastein.

▼ Stavkirke Borgund.

I STAVKIRKE BORGUND ★★★

A la salida del túnel de Laerdal por la E16 dirección Oslo, a 15 km sale un pequeño desvío por la carretera 630 que en 2 km nos lleva a la iglesia de madera más auténtica de todas las que han pervivido. Fue construida en la segunda mitad del siglo XII. Al lado mismo está la nueva iglesia, también de madera pero de 1868, que dejó en desuso a la antigua y que casi causa su desaparición.

La iglesia mantiene su forma original con postes verticales en el interior que sustentan los tejados en forma de pagoda. Contiene elementos ornamentales de origen pagano como dragones y gárgolas que se fusionan con las cruces cristianas, en especial la de San Andrés. Son reseñables el púlpito del siglo XVI y el altar del siglo XVII, pero más destacables son los adornos con motivos vegetales y animales tanto del interior como en los pórticos.

I UNDREDAL ★★

La pequeña población de Undredal, que no tuvo carretera hasta 1988, descansa a orillas del Aurlandsfjord, a mitad de camino entre Gudvangen y Flåm. El enclave está totalmente rodeado por montañas que impiden mejores vistas. Resulta de mayor interés comprar uno de los famosos y exquisitos quesos de cabra de la zona, premiado internacionalmente y que se puede adquirir en el único comercio del pueblo.

En la parte alta del principal conjunto de casas se halla una curiosa y **pequeñita iglesia** –no llega a 4 m de largo– pintada en blanco, que originalmente fue una stavkirke del siglo XII. Ha vivido importantes remodelaciones que la han transformado desde el siglo XVII hasta hoy y no queda más que la estructura interior como vestigio de sus primeros años.

••••••••••
Oficina de Turismo Flåm
✉ Junto a la oficina de venta de billetes del tren.
☎ 954 30 414.
📞 www.sognefjord.no;
www.norwaysbest.com

I FLÅM ★★★

El valle de Flåm, al final del Aurlandsfjord parece una maqueta a tamaño real. El conjunto del muelle con grandes cruceros amarrados, la pequeña estación terminal del tren Flåmsbanen y los campings alrededor dan un aspecto de orden que contrasta con la abrupta naturaleza que rodea todo el valle.

Alrededor del muelle y de la estación de tren ha crecido un conjunto de edificios, sobre todo supermercados, tiendas y restaurantes. El lugar tiene interés como punto de comunicación y partida para excursiones por los alrededores. Recomendable para descenso en bicicleta y también para paseos a pie y caballo, aunque el recorrido en tren hasta Myrdal es lo más demandado (**10 lugares inolvidables** ▶22).

▌Geirangerfjord

El fiordo de Geiranger es uno de los pequeños brazos, tan solo 16 km, del Storfjorden, literalmente el Gran Fiordo, situado al norte del fiordo Sognefjord en la región de Romsdal. En 2005 fue declarado Patrimonio de la Humanidad por la Unesco debido a la espectacularidad de sus paisajes y su incidencia histórica a nivel mundial.

Se encuentra en el interior, cerrado por algunas de las montañas más desafiantes de Noruega que crecen prácticamente sobre el fiordo y que permiten una panorámica muy efectista: ha sido usado en cine para plasmar los lugares más inaccesibles y lejanos. Las carreteras que unen la pequeña población de Geiranger con los alrededores están catalogadas como rutas nacionales de Turismo precisamente porque llevan a algunos bellos miradores y conducen a lugares naturales del interior muy pintorescos. Las dos principales poblaciones del fiordo son Geiranger al este y Hellesylt al oeste, entre las que hay un servicio de barco todo el año y que resulta el mejor modo de apreciar la sobrecogedora belleza de este particular fiordo especialmente estrecho y profundo.

Por el Geirangerfjord pasan dos carreteras que lo recorren de sur a norte. Por Geiranger pasa la carretera 63 y por Hellesylt la 60.

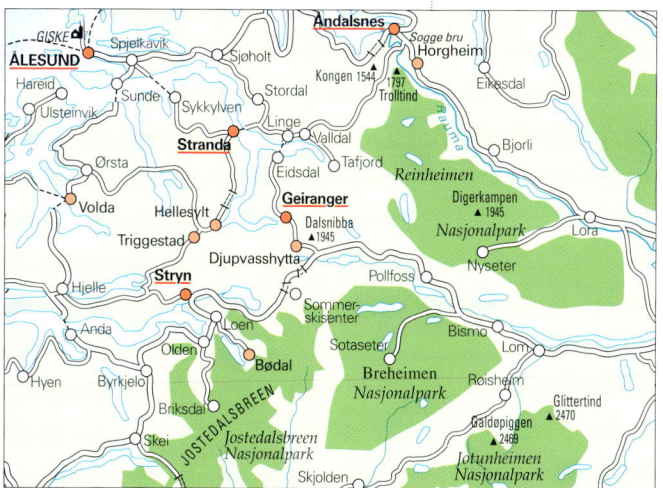

Oficina de Turismo Geiranger

- ✉ Al lado del muelle.
- ☎ 702 63 099.
- 🚢 Con Hellesylt, hasta 8 servicios al día; www.geirangerfjord.no y www.fjordnorway. com y con Valldal en el Norddalsfjord. También llega el famoso crucero *Hurtigruten*, pero solo en verano.
- 🚌 Por la carretera 63 hasta Ålesund, solo en verano.
- 🌐 www.geiranger.no

Norsk Fjordsenter

- ✉ Situado frente al Hotel Union.
- 🕐 Todos los días de may. a sept. de 10-18 h, de oct. a may. de 10-15 h.
- 🌐 www.fjordsenter.no

¿Sabías que…?

Las caídas de roca sobre el estrecho fiordo pueden causar tsunamis de gran envergadura. Existe un plan especial de emergencia preparado para posibles catástrofes como la de 1934. La pregunta de cuándo volverá a suceder se respondió cinematográficamente en *Bølgen. La última Ola*, de 2015.

▶ Vista del fiordo de Geiranger.

❙ GEIRANGER ★★

El pueblo, de 300 habitantes, es solo una pequeña concentración de pocos edificios, muchos de ellos cerca del muelle, verdadero núcleo de la población. Aunque por las laderas de las montañas más cercanas crecen las casitas con vistas al fiordo. En verano la zona está muy concurrida debido a la masiva afluencia de turistas, pero a las afueras de la población se percibe lo idílico del emplazamiento, rodeado de cascadas y promontorios que hacen de miradores. La carretera 63 bien desde el sur o desde el norte hace algunos de los recorridos más bellos del país.

El lugar es también muy recomendable para practicar deportes de aventura y al aire libre. Hay varias agencias de excursiones y viajes cerca del muelle que ofrecen todo tipo de actividades.

En la localidad es interesante visitar el **Norsk Fjordsenter,** un museo con información sobre la historia local, la evolución de las infraestructuras y la llegada del turismo y su impacto. También se puede conocer el plan de emergencias presente en el fiordo en caso de desprendimientos de roca sobre el agua.

La **Geirangerstorfossen** es una formidable cascada a la que se llega dando un bonito paseo de 20 minutos que comienza al final del aparcamiento. Desde ahí salen unas escaleras que llevan a una pasarela que discurre pegada al río hasta llegar al salto de agua.

EXCURSIONES DESDE GEIRANGER

Por Geiranger pasa la carretera 63, que en ambos sentidos hace recorridos memorables. De hecho, parte de la carretera ha sido incluida dentro de las Rutas Turísticas Nacionales bajo el nombre de **Ruta Dorada,** de 136 km, que incluye la carretera de Geiranger, la carretera de los Troll y la carretera de las Águilas.

❙ CARRETERA DE GEIRANGER ★★★

Desde Geiranger hacia el sur se sube inmediatamente hacia la montaña pasando por el famoso **Hotel Union,** muy cerca de la cascada de Storfossen. La carretera de Geiranger tiene una pendiente media de más del 9 % y hay mucho tráfico de autobuses y otros vehículos, incluidos los pequeños coches eléctricos que se alquilan para turistas, por lo que conviene extremar la precaución.

A 4 km de distancia se llega al **mirador de Flydalsjuvet.** Si hay una postal típica noruega esta

▲ Mirador de Flydalsjuvet.

es, sin duda, la impactante visión que se contempla del fiordo de Geiranger desde este punto. Hay un aparcamiento pequeño desde donde las vistas son espectaculares. Para los más intrépidos, 200 m más abajo hay otro mirador natural sobre el acantilado aún más atractivo, pero al que se llega por un sendero peligroso y sin protección.

En 16 km desde Geiranger la carretera termina de ascender y llega a los 1.030 m en **Djupvasshytta** (www.djupvasshytta.no), donde encontramos una bonita construcción moderna en madera, que sirve de cabaña-hotel a los pies del lago glaciar homónimo. Durante el primer verano se ve a los esquiadores aún disfrutando de la nieve.

La carretera 63 continúa, igual de estrecha e impactante pero ya perdiendo altura hacia la carretera 15, que hacia el este llega a **Lom** y al oeste a **Stryn,** ya en el Nordfjord.

❙ CARRETERA DE LAS NIEVES ★★★

Desde la Djupvasshytta sale la carretera de las Nieves, **Nibbevegen road,** de peaje y pensada exclusivamente para llegar a uno de los lugares más impresionantes de toda la zona, el mirador de Dalsnibba, **Dalsnibba utsiktspunkt** (www.dalsnibba.no) a 1.476 m de altura. Acristalado, inaugurado en agosto de 2016 y con una caída de 500 m. Es difícil explicar la enorme perspectiva que ofrece si el día es claro. Si hay nubes, parece que flotamos sobre ellas. En todo caso, el recorrido hasta el mirador ya resulta impactante por la poderosa obra civil dispuesta, así como el emplazamiento.

● ● ● ● ● ● ● ●

Dalsnibba
🕐 De may. a oct.
de 9-17 h,
del 15 de jun. al 15 de ago.
hasta las 18 h.
📷 https://dalsnibba.no

▎CARRETERA DE LAS ÁGUILAS ★★★

Corresponde con el tramo de la carretera 63 que se dirige hacia el norte desde Geiranger. Desde el barco que cruza el fiordo se contempla en su máximo esplendor.

Parece imposible que se haya podido construir la carretera por esa ladera tan escarpada, pero a base de curvas y tramos de más del 10% de pendiente se supera la montaña, que acaba en un túnel que da paso al espléndido **mirador de Ørnesvingen,** una curva muy pronunciada que da lugar a unas vistas espectaculares.

Desde aquí la carretera sigue hacia el norte y tras cruzar en ferry al otro lado del Sortfjord en Eidsdal, se llega en 4 km a **Valldal,** allí comienza la llamada Carretera de los Troll hasta **Åndalsnes.**

▎TRAYECTO EN BARCO HELLESYLT-GEIRANGER ★★★

Es el único modo de cruzar entre las dos localidades, además de que este viaje en barco es uno de los más recomendables en los fiordos. La duración es de 75 minutos en los que se recorre el estrecho fiordo de aguas verdosas con forma de S, y una profundidad de unos 300 m, al que asoman las famosas **cascadas** del Geirangerfjord, principalmente las de "Las 7 hermanas", "El Pretendiente" y "El velo nupcial" con

¿Sabías que…?

Muchas de las granjas que se crearon en el Geirangerfjord fueron originalmente construidas por colonos cuáqueros, que llegaron a estas tierras en barco en 1869.

▼ Nibbevegen road,
Carretera de las Nieves.

caídas de 250 m sobre el mismo fiordo. En la app. Visit Norway, se puede escuchar información sobre los lugares más pintoresco, sus leyendas y las historias de algunas de las granjas que fueron abandonadas por distintos motivos, a la par que navegamos.

❙ HELLESYLT   *

Es otra pequeña población, cuya importancia radica en tener conexión marítima y una magnífica ubicación en la punta oeste del Geirangerfjord.

Se pueden realizar bonitos paseos a pie por senderos de la zona, para lo que la Oficina de Turismo ofrece información y mapas. Dentro de la población solo resulta interesante la cascada que hay cerca del muelle, la **Hellesyltfossen,** con poca caída pero un enorme caudal. Las vistas desde el puente de piedra que lleva al muelle son las más bonitas.

· · · · · · · · ·

Oficina de Turismo Hellesylt
- ✉ Muy cerca del muelle.
- ☎ 948 11 332.
- ◷ Abre solo en verano.
- 🚌 La parada está en la gasolinera, cerca del muelle. Conecta con Álesund, y Stryn.
- ⛴ Conexión Geiranger-Hellesylt.

▶ Cascada en Hellesylt.

▼ Casitas en la localidad de Olden, en el Nordfjord.

❙ Nordfjord

El Nordfjord remansa sus últimas aguas en la población de Stryn, frente a las imponentes montañas que albergan la franja septentrional del Parque Nacional de Jostedal y que se yerguen por encima de los 1.800 m, chorreantes de innumerables cascadas que alimentan lagos alargados que conducen las aguas del deshielo hasta Olden, a la orilla del lago Oldevatnet y del Nordfjord.

También sobre el hermoso fiordo, rodeado de huertas de frutales y plantaciones de frambuesas se encuentra **Loen,** con un teleférico que asciende al monte Hoven a 1.011 m de altura. El emplazamiento es perfecto para unos días de descanso y para aprender activamente sobre los glaciares haciendo excursiones a pie por las lenguas del Jostedal. La carretera 60 une las tres poblaciones y continúa hacia el norte hasta Ålesund, pasando por el Geirangerfjord a la altura de Hellesylt.

❙ STRYN ✶✶

Es la principal población de la zona, nudo de comunicaciones y lugar desde donde parten bellas excursiones por la zona. En el pueblo, con calles comerciales y un centro modernizado, no hay mucho que ver. Cerca del río, a unos pasos del muelle, se conservan algunas casas de leñadores que durante el siglo XIX vivían de la madera que transportaban por el fiordo hacia el mar.

🌐 www.nordfjord.no
🌐 Sobre el glaciar Jostedal
https://visitjostedalsbreen.no/

▼ Antiguas casas de madera, cerca de Stryn.

Oficina de Turismo Stryn
✉ En Perhusvegen 24, en el centro y abierta todo el año.
☎ 578 74 054.
⛴ Con Bergen, Oslo, Ålesund, además del servicio local con Loen y Olden.

www.fjordnorway.com
Teleférico de Loen-Monte Hoven; www.loenskylift.com.

LOEN **

Es una de las poblaciones más agradables de la zona, donde el turismo comenzó a llegar en el siglo XIX. Prueba de ello es el famoso **Hotel Alexandria,** decano de la comarca y excelente punto de orientación.

El centro se encuentra alejado del muelle, 500 m hacia el interior y sobre una colina en la parte más alta, debido a la reconstrucción que vivió en 1905 y 1936, tras el desprendimiento de rocas que cayeron en el **lago Lovatnet,** justo detrás del pueblo, y que causó una ola que destruyó parte de la población, llevándose muchas vidas. El acontecimiento resultó especialmente traumático pues las autoridades habían alentado en 1936 a la población a volver a sus hogares asegurando que no existía ya peligro.

Desde Loen se pueden realizar varias excursiones a pie, entre ellas la exigente subida al **monte Skåla** de 1.848 m, para la que se emplean más de 3 horas caminando. Alcanzar la cima permite unas vistas completas de todo el fiordo y el Jostedal. Allí mismo, se puede pernoctar en un antiguo hospital para tuberculosos.

Especialmente impresionante es la ascensión en **teleférico al monte Hoven.** No solamente las vistas son espléndidas sino que desde lo alto comienzan algunas excursiones a pie muy atractivas.

KJENNDALSBREEN ***

Desde Loen se puede acceder a la lengua glaciar de Kjenndalsbreen, más impresionante y menos visitada que otras de la zona, aunque su acceso es bastante sencillo.

▼ Glaciar de Kjenndalsbreen.

▲ Iglesia Roja de Olden.

Desde detrás del Hotel Alexandria sale la carretera Fv723 que en 21 km nos lleva bordeando el lago Lovatnet, de aguas turquesas y vívidas, a través del valle hasta Bødal, lugar donde también se aprecia el efecto devastador de las olas de 1905 y 1936 y desde donde también se puede acceder a un camino que lleva a otra lengua menos accesible: **Bødalsbreen**.

La carretera Fv723 continúa apenas 3 km más hasta llegar al aparcamiento (de pago) y base para caminar hasta el Kjenndalsbreen en un tranquilo paseo de 30 minutos.

▌ OLDEN ★★

Se trata de una pequeña población turística, que forma parte del municipio de Stryn. Tiene un centro urbano con un puñado de casas alrededor de la orilla, formando una pequeña bahía con capacidad para el amarre de grandes cruceros, que copan el lugar en verano. Además el lugar tiene capacidad hotelera para los excursionistas de los glaciares. En el centro de la población se conserva una **iglesia** del siglo XVIII que sutituyó a una extinta stavkirke, de la que se salvaron algunas piezas reutilizadas en el pórtico del templo actual.

Desde Olden también se pueden realizar excursiones a varias lenguas del Jostedalbreen. La más común es la de **Brikdalsbreen (10 lugares inolvidables ▶26)**, que se encuentra a 21 km por la Fv724. Pero también se puede acceder a **Brenndalsbreen**, que se sitúa un poco antes, a la altura de la **granja Aabrekk** y que también tiene un camino que, en dos horas y media, lleva hasta el lago glaciar.

🚍 Con Loen, Stryn y Sogndal. También hay bus al parking de Briksdalbreen (30 min desde Olden).

¿Sabías que...?

En ninguno de los cuatro brazos de glaciar que están entre Loen y Olden se pueden realizar excursiones con crampones sobre el hielo, pero sí está permitido en Nigardsbreen y en Haugabreen, en verano. Más info en www. nordfjord.no y www. breogfjell.no.

GASTRONOMÍA

La cocina noruega ha vivido en los últimos años una auténtica revolución que la ha proyectado como potencia gastronómica. Empieza a ver un turismo gastronómico que complementa la visita a los parajes naturales.

▌ Bebidas

Respecto a las bebidas, más allá de las miles de cervezas artesanas y alguna sidra en los fiordos del oeste, solo queda el *akvavit,* un licor de semilla de cereal, el más famoso envejecido a bordo de barcos que deben cruzar el Ecuador para garantizar su correcta maduración.

▲ Las fresas noruegas, a la venta en muchos mercados, destacan por su gran sabor.

Los productos básicos son los mismos que antes, ahora con el halo de lo orgánico y la producción local o *korstreit.* El mar y las montañas siguen siendo los mejores proveedores de las recetas nacionales, pero la modernidad ha traído la fusión con otras tradiciones culinarias, el uso de las especias y la innovación. Hoy la cocina noruega es mucho más rica y variada de lo que podríamos imaginar inicialmente y permite disfrutar de muy buenos productos con elaboraciones muy distintas a la mediterránea.

▌ Pescados

El **bacalao** se come fresco *(skrei)* o desalado *(torkfisk).* También hay otra especie hermana del bacalao, el eglefino o merlán, que se come seco como aperitivo (90% proteína). Las **sopas de pescado** *(fiskesuppe)* son muy buenas, las más famosas llevan crema y especias.

El **salmón** *(laks)* merecería un capítulo aparte pues tiene muchos modos de prepararse. El tradicional es el salvaje, pero más del 80% es de piscifactoría. Se consume fresco, ahumado *(røkelaks)* o marinado, en especial al modo tradicional que pasa por enterrarlo *(gravelaks)* varias semanas y luego marinarlo en una mezcla de sal, azúcar, brandy y eneldo. Los **arenques** *(sild)* se preparan de muchas maneras, y los encurtidos que los conservan cambian en cada casa, siendo lo más normal usar pimienta y cebolla.

Del marisco *(skalldyr)* merece darse un gustazo y probar el famoso **cangrejo rey** *(Kamchatka crab),* que es mucho más grande que un centollo.

▶ Plato de *Lutefisk* con patatas y puré.

Los platos de pescado más curiosos del país son el *Rakfisk,* trucha fermentada y servida cruda acompañada de patatas, y el *Lutefisk,* bacalao conservado en sosa cáustica.

▎Carnes

Del bosque se obtiene carne de animales salvajes, en especial de reno y alce, con los que hacen chacinas, aunque también se consume su carne fresca o se hacen albóndigas o salchichas. Son famosas las **salchichas mor,** con patata y verduras.

Mención aparte merece la carne de cordero, especialmente sabrosa, incluida la **pata de cordero ahumada,** aunque resultan más atractivos los guisos de **costillas de cordero** (*pinnekjøtt*), típicos de Navidad, y el *fårikål,* una caldereta de cordero con repollo y patatas que se cocina lentamente y es típica de otoño. El *smalahove* es la cabeza de cordero asada, pero sin los sesos. A los platos de carne suelen añadir guarniciones de verduras y mermeladas de bayas, además del plano plano *flatbröd*. La carne de caballo raramente se come y hasta hace muy poco tiempo resultaba un tabú absolutamente arraigado. Parece que su carne se asoció con enfermedades durante la Edad Media por estas tierras, y ha quedado latente el estigma de considerarla una carne no comestible.

▎Quesos

Se producen quesos de cabra y oveja, especialmente mantecosos y dulces, como el *brunost* con color y sabor a tofe, o el *geitost* que se suelen tomar con mermeladas o miel, que también son de muy buena calidad. Entre las mermeladas, la más apreciada es la de *multebaer,* la peculiar mora ártica o baya de los pantanos.

▎Cultivos de la tierra

Los productos de tierra provienen de los limitados cultivos de cereal y pequeñas huertas, donde se crían patatas, rutabaga, ruibarbo, colinabos y coles. La **patata** (*potet*), que empezó a cultivarse en el siglo XVIII, se ha convertido en alimento básico.

▎Postres

La repostería usa frutos del bosque, masas con mantequilla y especias. Los rollitos de canela y cardamomo *kanelsnurrer* son deliciosos. Es común servir los postres dulces con café. Los *waffles* y la *suksessterte,* tarta de almendras, huevo y mantequilla, también son patrimonio culinario nacional.

▲ Tabla de quesos brunost.

▎Para almorzar

El Smørrebrød es una tosta con mantequilla al que se le añaden ahumados o embutidos y alguna verdura, que también puede ser en conserva. Es muy común en el almuerzo ligero de los noruegos.

▼ Rollitos de canela.

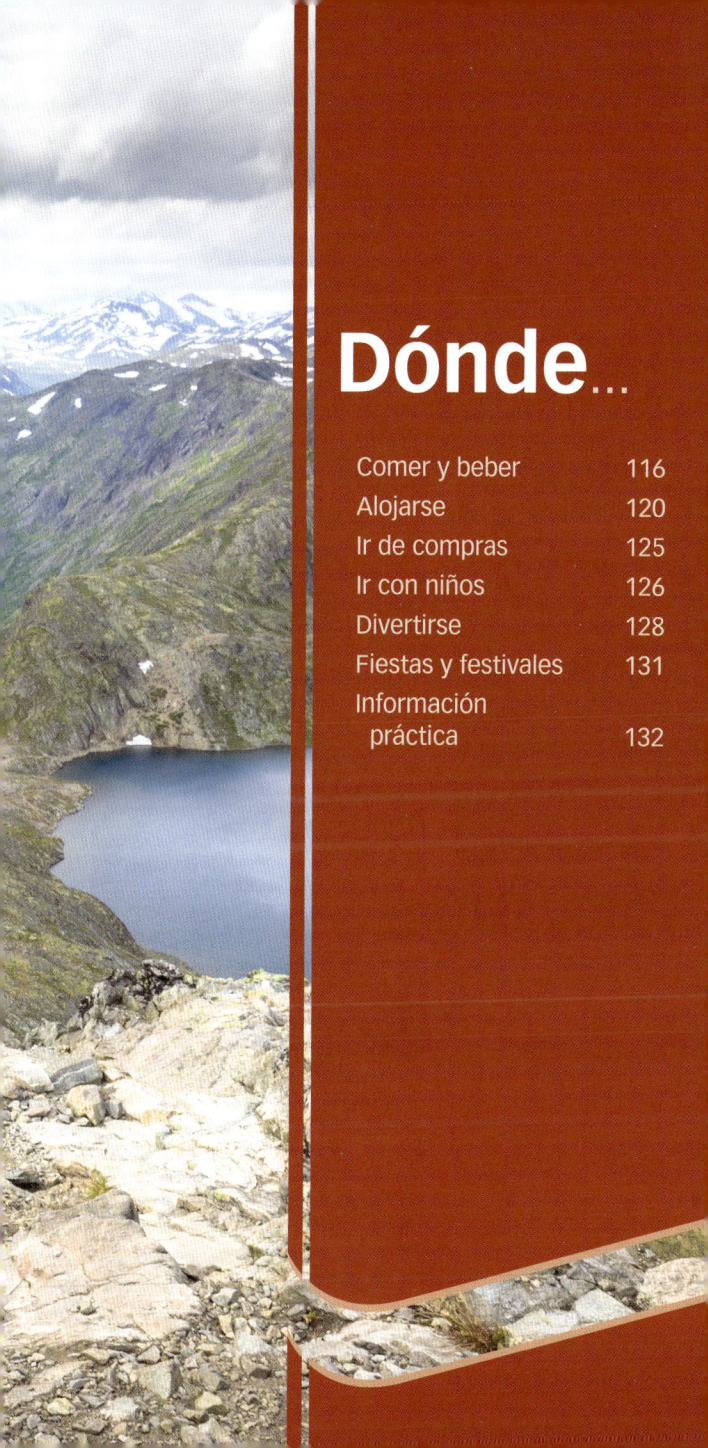

Dónde...

Restaurantes

OSLO

Oslo destaca por la surtida muestra de comidas del mundo que ofrece y también por los restaurantes especializados en gastronomía moderna de fusión, normalmente con productos orgánicos y locales. Los establecimientos son atractivos y desenfadados y normalmente cuentan con bodega. Hemos seleccionado los restaurantes por zonas y primando los de gastronomía nacional.

Aker Brygge

Cerca del Nasjonalmuseet, al comienzo del Aker Brygge hay puestos de street food de distintas culturas, que pueden resultar interesantes.

Bolgen & Moi Tjuvholmen (M)

Comida escandinava e internacional, también platos pequeños más informales para picar. Tiene una agradable terraza a la orilla del fiordo. Las bebidas un poco limitadas, trato amable.

- ✉ Tjuvholmen alle, 5
- ☎ 22 44 10 20
- 🌐 www.cafesorgenfri.no

Lofoten Fiskerestaurant (C)

Es un restaurante muy conocido y popular. Excelentes pescados y mariscos a precios altos. Algunas especialidades marineras inspiradas en las islas de igual nombre. Para los exigentes.

- ✉ Stranden, 75
- ☎ 228 30 808
- 🌐 www.lofoten-fiskerestaurant.no

Olivia (M)

Restaurante italiano especializado en pizzas, pero también carnes, pescados y sugerentes ensaladas. También son recomendables la pasta fresca y los postres.

- ✉ Stranden, 3
- ☎ 231 15 470
- 🌐 oliviarestauranter.no

Restaurante Rorbua (M)

Comida escandinava y de fusión. Abierto en 1990, es de los decanos de la zona. Especialidad en comida tradicional y productos nacionales, sobre todo del norte. Se puede comer todo tipo de carnes, ballena incluida. Los platos informales y más rápidos no desmerecen.

- ✉ Stranden, 72
- ☎ 482 23 849
- 🌐 https://www.rorbua.as/

Grünerløkka

Fjord restaurant (C)

Un restaurante elegante, muy buen servicio y presentación y buena bodega. Destacan los platos de fusión con productos nacionales y especias.

- ✉ Tristian Augusts gate, 11
- ☎ 422 98 21 50
- 🌐 https://restaurantfjord.no/

Maaemo (C)

El más premiado y destacado por su imaginación culinaria. El único local de Oslo que cuenta con tres estrellas Michelin. Para darse un gustazo el que quiera pagarlo.

- ✉ Schweigaards gate, 15 b
- ☎ 221 79 969
- 🌐 https://maaemo.no/

El centro y otros

Lorry Restaurant (M)

Restaurante tradicional con terraza en verano. Entre semana hay menú del día con platos noruegos. Tienen una impresionante carta de cervezas.

- ✉ Parkveien, 12
- ☎ 226 96 904
- 🌐 www.lorry.no

Det Gamle RÅadhus (C)

Restaurante que ocupa el edificio del antiguo Ayuntamiento del siglo XVII. Cocina noruega a precios caros. pero la calidad está asegurada en toda la amplia oferta.

Precio

Los precios son moderadamente altos, pero en los cafés y bares el gasto es mucho menor. El servicio suele estar incluido en la cuenta, por lo que la propina no es necesaria.

El precio aproximado de una comida de un plato y un postre:

E: menos de 30 €

M: entre 30 y 50 €

C: entre 50 y 100 €

Horarios

El horario puede variar mucho entre las grandes ciudades y las pequeñas poblaciones: normalmente abren hacia las 11/11.30 h y cierran alrededor de las 14/14.30 h; por la noche abren entre las 17 h y las 18 h, cerrando en torno a las 22 h y en algunos casos hasta las 23 h, pero en los lugares menos turísticos es probable encontrar todo cerrado después de las 20 h.

Nedre Slottsgate, 1
224 20 107
www.gamleraadhus.no

Bacchus
Spiseri & Vinhus (M)
Un lugar muy cuidado, con terraza y cocina muy imaginativa, con un toque casero.Platos veganos.
Dronninsgate, 27
905 15 264
www.bacchusspiseri.no

Kafe Celsius (M)
Una buena carta de platos no muy complicados pero muy bien servidos en el edificio más antiguo de Oslo.
Radhusgata, 19
22 42 45 39
www.kafecelsius.no

Egon
Karl Johan (E)
Cocina internacional. Cadena muy presente en diferentes puntos de la ciudad que ofrece pizza, hamburguesas, sándwiches y ensaladas, pero también platos más completos a base de carne.
Johans gt., 37
224 17 790
www.egon.no

Mantra (E)
Cocina india. Buena bodega en un restaurante tranquilo y bien atendido. Local modesto, con decoración típica, una de las mejores cocinas de la India en la ciudad.
Dronningesgade,19
224 14 200
https://mantra.no

BERGEN
Los mejores restaurantes ofrecen pescados, mariscos y platos internacionales. Se ve mucha fusión e ideas nuevas, a veces acertadas. Algunos lugares son también especialmente atractivos para una cena tranquila o en pareja. Para vivir una experiencia

culinaria inolvidable el mejor sitio sigue siendo la lonja de pescado, con tenderetes de mesas compartidas y platos preparados delante de nosotros. Hay una versión más elegante, en una zona acristalada, con productos más vistosos y caros.

También hay establecimientos de comida rápida y cafeterías que pueden servir pequeños almuerzos. En todo caso, la ciudad recibió el título de Ciudad de la Gastronomía en 2015 por la Unesco, lo que ha fomentado el turismo gastronómico. Se pueden hacer rutas ex profeso a través de la Oficina de Turismo.

Restaurante 1877 (M)
Una mezcla de cocina tradicional y algunas innovaciones en cocina internacional. Todo muy bien presentado y en un local finamente decorado.
Vertrlidsallmenningen, 2
928 71 877
www.restaurant1877.no

Bryggen
Tracteursted (M)
Abre por las tardes y sirven comida tradicional y hasta se atreven con una suerte de tapas con inspiración a lo noruego) en una casa del barrio Han-

seático con un salón de madera de grandes ventanales. También tienen un pequeño jardín atrás. Un clásico dentro de la ciudad.
Bryggenstredet, 2
553 36 999
www. bryggentracteursted.no

Cornelius
Sjømatrestaurant (M-C)
En Holmen, una isla del archipiélago de Bergen. Es un complejo de restaurantes con distintos precios y categorías, alguno para darse un homenaje con productos del mar y un emplazamiento a la altura. Tienen un simpático menú meteorológico, que depende del día.
Hay que ir en ferry (25 min, dos viajes al día) desde el puerto de Bergen, frente al Hotel Radisson Blu Royal. Almuerzos desde las 11 y cenas a las 18 h.
Katlavika ,14
563 34 880
www.corneliusrestaurant. no/

Wesselstuen (M)
Es el restaurante del Hotel Norge. Ofrece platos con productos del mar y muchas ensaladas que pasarían por un primer plato. También hay un abundante

bufé al que hay que ir con el estómago vacío.

✉ Ole Bull Plass, 6
☎ 55 55 49 49; 995 82 008

Pizza Bien Centro (E-M)

En el mismo edificio que el KODE 1.Comida italiana de primera clase y pizzas casi napoletanas. El servicio es rápido y atento, la bebida cara.

✉ Nordahl Bruns gate, 9
☎ 555 91 100
🖥 www.bienbar.no/centro

Bryggeloftet og Stuene (M)

Una decoración, que roza lo hortera, esconde uno de los restaurantes favorito de los visitantes. Las

raciones son generosas, sobre todo las guarniciones. Platos tradicionales, incluido el reno estofado. La calidad está asegurada.

✉ Bryggen, 11
☎ 553 02 070
🖥 www.bryggeloftet.no

Pingvinen (M)

Un café restaurante con algunos toques de diseño industrial, simpático y desenfadado. Muchos platos creativos y buenos ingredientes. Son muy recomendable el salmón salvaje y las albóndigas. La cocina cierra a las 22 h.

✉ Vaskerelven, 14
☎ 556 04 646
🖥 www.pingvinen.no

Restaurant Marg & Bein (E)

De aspecto sencillo, esconde una cocina muy personal, con algunas recetas tradicionales reinterpretadas y cocinadas con mimo. Un lugar poco común. La cocina cierra a las 21 h.

✉ Fosswinckels gate, 18
☎ 949 87 428
🖥 https://marg-bein.no/

LOS FIORDOS

La mayoría de los restaurantes interesantes se encuentran en los hoteles más grandes de la zona, aunque también podremos comer productos locales con mimo. En un lugar poco establecimientos hoteleros más pequeños. En las poblaciones más grandes sí existe la posibilidad de encontrar restaurantes y cafeterías donde comer aceptablemente, aunque no siempre de cocina local.

Odda

Tyssedal hotel (M-C)

Un edificio sensorial situado a 6 km de Odda, que ofrece almuerzos a la carta con platos elaborados y bien presentados. En ocasiones también ofrece un bufé internacional, más económico. La bodega no pasa de la cerveza artesanal.

✉ Gamle Oddaveg, 3, Tyssedal
☎ 536 40 000
🖥 www.tyssedalhotel.no

Eidfjord

Sjel Og Gane (M)

Comida internacional con algunos productos hortícolas locales. También hay platos de pescado y otros de inspiración en la comida rápida. La bodega es corta, pero cuenta con algunos vinos mediterráneos. Cerrado en invierno.

✉ Riksvegen, 12
☎ 932 57 370

Pensjonat og Hytter (M)

Cocina tradicional de la zona en este pequeño albergue donde los productos salen de las huertas vecinas.

✉ Simadalsvegen, 10
☎ 536 65 162
🖥 www.vikpensjonat.no

Voss

Fleischer's Hotelf (M)

El restaurante del Hotel Fleischer's tiene ganada una buena reputación a base de cocina internacional y buen servicio. También cuenta con una buena bodega.

✉ Evangervegen, 13
☎ 565 20 500
🖥 www.fleischers.no

Park Hotel Vossevangen (M)

Preparan un bufé para la cena bien surtido. Tienen carta de vinos.

✉ UttrAgata, 3
☎ 565 31 000
🖥 www.parkvoss.no

Store Ringheim (M)

El restaurante del hotel se esmera en preparer platos muy pintones y con buenos productos. Recomendable los guisos de reno y el salmón. Trato amable y bodega.

✉ Molstervegen, 44
☎ 954 06 135
🖥 https://storeringheim.no/ en/restaurant/

Ulvik

Brakanes Hotel (M)

El restaurante del hotel tiene un buen bufé por la tarde, animado con música en directo a cargo de un piano. Destaca los mejillones con hinojo.

Promenaden, 3
565 26 105
www.brakanes-hotel.no

Mundal

Mundal Hotel (M)
El restaurante es pequeño y la cocina prepara algunas especialidades noruegas de carne y de pescado con mucho gusto.
Al lado del muelle
919 09 990
www.hotelmundal.no

Fjærland
Fjordstove Hotell (C)
Uno de los mejores restaurantes de los fiordos. Platos hechos con productos locales y atención a las recetas tradicionales de huerta y de pescado.
410 00 200
http://fjaerlandhotel.com/

Sogndal

Hofslund
Fjord Hotel (M)
El restaurante prepara cocina internacional y algunos platos noruegos, en especial de pescado. Todo muy elegantemente servido en un comedor acristalado.
Fjørevegen, 37
482 37 844
www.hofslund-hotel.no

Kaupanger

Timber Café og Restaurant (M)
Ofrece un sofisticado menú que abarca casi todas las carnes de la zona y algunos platos de pescado. Servicio atento y cordial.
En el Hotel Vesterland
576 27 100
www.vesterland.no

Aurland

Aurlandskafeen (M)
Cocina casera noruega. Abierto todo el año. Está en el centro, cerca del río Aurland. Platos internacionales servidos en un bonito comedor de madera.
Aurlandsvangen
576 33 666

Sognaporten (M)
Cocina noruega. Cerca del túnel de Lærdal, a 7 km de Flåm, ideal para una parada donde se puede disfrutar de platos sencillos de Noruega o de comida rápida.
Skulevegen 58
576 31 234
www.sognaporten.no

Flåm

Café Stationen (E)
Cocina noruega. Platos fríos y calientes para ser consumidos dentro de la cafetería o en la terraza. Una buena opción.
576 32 188

Furukroa Kafè (M)
Cocina noruega e internacional. Restaurante y cafetería con terraza exterior y vistas al puerto. El menú ofrece platos contundentes, servidos con cerveza artesanal. Los desayunos son abundantes.
A-Feltvegen, 24
576 32 050

Geiranger

Hotel Union (M)
Sirven primeros platos de verduras y algunos platos de pescado en un bonito comedor acristalado.
702 68 300
www.hotelunion.no

Hotel Geiranger (M)
Cocina internacional sin mucho brío. Hay un bufé aceptable.
702 63 005
www.hotel-geiranger.no

Restaurant Olebuda (M)
Excelentes y sencillos platos de la cocina noruega en este acogedor restaurante-cafetería, en el centro de Geiranger.
Geiranger sentrum
702 63 230

Stryn

Verthus Pensjonat (E)
En Nordfjord. Tienen una cafetería que sirve buenos sándwiches y quiches, ofrecen comida también para llevar.
Tonningsgata, 19
578 70 530
www.strynvertshus.no

Loen

Loenfjord (M)
También es el restaurante de un hotel. Ofrece un buen bufé para el que cuenta con cocineros de reconocimiento internacional. Buen ambiente y agradable comedor con varias salas acristaladas. Buena relación calidad-precio.
578 75 700
www.loenfjord.no

Olden

Olden Fjordhotell (M)
Cocina noruega e internacional. Apetitoso bufé de especialidades locales . Además ofrece un equilibrado menú a la carta.
578 70 400
www.olden-hotel.no

Fast food

La pizza congelada causa furor en Noruega: ¡Se consumen más de 24 millones al año! También los perritos calientes, *varm pølse* son muy apreciados y se venden en las gatekjøkken, puestecillos de venta callejeros que los preparan al gusto del cliente y en el momento.

Alojamientos

OSLO

La ciudad tiene una buena capacidad hotelera. Hay hoteles de varias cadenas de precio medio y calidad muy satisfactoria por toda la ciudad. También hay algunos albergues con habitaciones compartidas y campings en las afueras. En temporada alta es una buena idea tratar de reservar con antelación, sobre todo en los hoteles más céntricos.

Grand Hotel Oslo (C)

Uno de los hoteles emblemáticos de la ciudad, y más caros, donde se hospeda quien recibe el Nobel de la Paz. Tiene todas las comodidades, tres restaurantes, spa y gimnasio.
- ✉ Karl Johans Gate, 31
- ☎ 232 12 000
- 🖥 www.grand.no

Scandic Solli (M)

Un hotel moderno y cómodo con un buen bufé. Situado en zona tranquila a 3 minutos de Karl Johans Gate. Muy en los estándares de los *scandic*.
- ✉ Parkveien, 68
- ☎ 231 55 700
- 🖥 www.scandichotels.no

Bondeheimen Hotel (M)

Es un hotel de 1913, modernizado, a un paso de Karl Johans Gate. Habitaciones decoradas al estilo escandinavo con un buen desayuno. Cuenta con restaurante propio que no está mal.
- ✉ Rosenkratzgate, 8
- ☎ 232 14 100
- 🖥 www.bondeheimen.com

Scandic Vulkan (M)

Situado en la entrada de Grunnerloka, junto al popular Mathallen. Las habitaciones son muy agradables, con todas las comodidades y el bufé excelente.
- ✉ Vulkan, Maridalsveien, 13ª
- ☎ 210 57 100

Saga hotel Oslo (M)

Una buena opción en el oeste de la ciudad en una zona muy tranquila. En un edificio del siglo XIX rehabilitado y con habitaciones muy cómodas. El restaurante funciona muy bien.
- ✉ Eilert Sundts Gate, 39
- ☎ 225 54 490
- 🖥 www.sagahoteloslo.no

Citybox Oslo (E)

Está al lado de la estación de tren y puede ser un poco ruidoso. Las habitaciones no son muy grandes, pero están límpias y tienen los servicios básicos.
- ✉ Prinsens Gate, 6
- ☎ 214 20 480
- 🖥 https://citybox.no

Hostales y pensiones

Cochs Pensjonat (M)

Un albergue formado por pequeños apartamentos. Es una opción barata porque está un poco alejada del centro, en la esquina norte del parque del Palacio Real, en el barrio de Homansbyen. Reservar.
- ✉ Parkveien, 25
- ☎ 233 32 400
- 🖥 www.cochspensjonat.no

Bysykkelstativ Anker Hostel (E)

Limpio y cómodo. Normalmente bastante lleno por su buena ubicación y calidad/precio.
- ✉ Storgata, 55
- ☎ 229 97 200
- 🖥 https://ankerhostel.no/

Topcamp Ekeberg (E)

Camping localizado a 3 km del centro, conectado con el autobus 24. Abierto solo en verano, pero ofrece espacio para autocaravanas y tiendas.
- ✉ Ekebergveien, 65
- ☎ 221 98 568
- 🖥 www.ekebergcamping.no

BERGEN

La ciudad ofrece un amplio abanico de posibilidades para todos los bolsillos, necesidades y deseos. Priorizamos los alojamientos que se encuentran más cerca del centro, aunque en los alrededores hay campings y también hostales y albergues en barrios menos céntricos.

Hotel Heimen (Augustin hotel) (M)

Situado en un precioso edificio art nouveau construido en 1909. Tiene un aspecto clásico pero las habitaciones son mucho más modernas. Algunas habitaciones miran al fiordo (son más caras). Cuenta con un restaurante donde cenar.
- ✉ Sundsgate, 22
- ☎ 553 04 000

Grand Terminus (M)

Situado frente a la estación de trenes, es uno de los hoteles clásicos de la ciudad y no tan caro para el servicio que ofrece. El restaurante, *Ambrosia,* es uno de los destacados de la ciudad por su cuidada y esmerada cocina.
- ✉ Zander Kaaesgate, 6
- ☎ 552 12 500
- 🖥 www.grandterminus.no

Zander K Hotel (M)

Situado frente a la estación de trenes es uno de los hoteles más modernos de la ciudad. Las habitaciones son un poco impersonales pero cuentan con todas las comodidades.

El restaurante tiene una buena carta, aunque con horarios restringidos.

- Zander Kaaesgate, 8
- 553 62 040
- https://www.zanderk.no/

Scandic Ørnen (M)

La decoración del interior es una buena muestral de diseño escandinavo. El bufé y el desayuno son muy buenos y las habitaciones cómodas y grandes. Ha sido reformado en los últimos años y se ha añadido gimnasio y terraza. Está muy bien ubicado y resulta tranquilo.

- Lars Hills gate, 8
- 553 75 000
- www.scandichotels.no

Scandic Neptun (M)

Muy bien situado en el centro. La decoración del interior es esmerada, y en el restaurante se come bien a la carta. Las habitaciones están bien equipadas y cuenta con todas las comodidades. Se puede coger prestada una bicicleta del hotel.

- Valkendorfsgaten, 8
- 553 06 800
- www.scandichotels.no

Hotel Park (M)

Está cerca de la zona universitaria, ubicado en dos casas del siglo XIX. Las zonas comunes están bien preparadas y el personal es muy amable. Las habitaciones no son muy grandes pero las camas son muy cómodas. Suele estar bastante lleno, por ello hay que reservar con tiempo.

- Harald Hårfagres gate, 35
- 555 44 400
- www.hotelpark.no

Ambassadeur Bergen (E)

Una buena solución económica en el centro de la ciudad. El lugar es confortable y amistoso; las habi-

taciones bien equipadas y el desayuno está incluido.

- Vestre Torgatten, 9
- 552 10 000

Pensiones y albergues

To sostre Gjestehus (M)

"El hotelito de las dos hermanas", bien situado cerca del Bryggen. Un lugar muy acogedor, en una antigua casa de madera bien reformada, aunque con pocas habitaciones. La decoración tradicional resulta muy cálida y la atención muy familiar.

- Nedre Stølen, 4c
- 930 66 046
- www.tosostre.no

City hostel Bergen (E)

Bien situado en el centro de la ciudad a un paseo del Torget. Funciona todo el año, tiene cocina para huéspedes y más de 120 camas disponibles en distintas combinaciones. La terraza del tejado es un buen lugar de encuentro para viajeros.

- Kong Oscar Gate, 45
- 48 17 30 15

Marken Gjesthus (E)

Una solución sencilla y muy barata, por lo que en verano es difícil encontrar sitio. Bien situado, cómodo y buen ambiente. Hay habitaciones grandes con baños compartidos y con ropa de cama que se paga aparte, desde 200 Kr.

- Kong Oscar Gate 45
- 553 12 135
- www.marken-gjesthus. com

Bergen Vandrerhjem Montana (M)

A 5 km del centro, a 15 minutos en el bus número 12 desde la estación de autobuses, al lado de la de tren.

Aunque situado fuera del centro, ofrece muy buena calidad-precio. Las vistas son estupendas desde la falda del monte Ulriken y el desayuno-bufé está incluido. Tiene zona para cocinar, lavandería, habitaciones de grupo y también dobles.

- Johan Blyttsevei 30, Landås
- 552 08 070
- www.montana.no

Skansen Pensjonat (E)

Está situado muy cerca del mercado del Pescado, en una casa de piedra del siglo XIX. Cuenta solo con 8 habitaciones pero muy bien preparadas. Todo muy casero y agradable. Difícil encontrar sitio en temporada alta.

- Vetrlidsallmenningen, 29
- 553 19 080
- www.skansen-pensjonat. no

Camping y autocaravanas

Bergen Camping Park (E)

A 14 km al norte del centro, con buenas instalaciones y zona común de recreo. Ideal para familias con niños y conexiones en transporte público con el centro. Cuenta con 30 *bungalows* y espacio para tiendas y vehículos.

- Travparkveien, 65
- 552 48 808
- https://bcp.no/

Fanfjorden Hytteutleie (E)

Bungalows muy bien acabados y con todas las comodidades para familias que deseen pasar unos días con preciosas vistas al fiordo.

- Krokeidevn 264, en Fana, a 20 km del centro
- 559 17 301
- www.fanafjorden.no

Bratland camping (E)

A 16 km al sur del centro. Más de 35 cabañas bien equipadas y con espacio para tiendas y vehículos. Conectado a la ciudad con transporte público. Disponibilidad limitada fuera de temporada estival.

- ✉ Bratlandsvegen, 6
- ☎ 551 01 338
- 🌐 www.bratlandcamping.no

LOS FIORDOS

Fiordo de Hardanger

Odda

Tyssedal hotel (C)

El veterano establecimiento está bien situado para emprender las excursiones al Trolltunga y al Parque Natural de Folgefonna. Además el hotel está bien acompañado por un restaurante que ofrece menús y platos internacionales a la carta. Tienen buenas cervezas artesanas de la zona.

- ✉ Gamle Oddaveg 3, Tyssedal
- ☎ 536 40 000
- 🌐 www.tyssedalhotel.no

Hardanger hotel (M)

Un edificio poco lustroso pero con buenas instalaciones y un buen restaurante. Aunque las habitaciones no ofrecen lujos son grandes y luminosas. El personal es muy atento.

- ✉ Eitrheimsvegen 13
- ☎ 536 46 464
- 🌐 www.hardangerhotel.no

Lofthus

Hotel Ullensvang (C)

Una ubicación a la altura de su historia. Construido en 1912 y que presume de un servicio casi personalizado. Es recomendable aceptar las sugerencias del personal.

- ✉ Ullensvangvegen, 865
- ☎ 536 70 000
- 🌐 www.hotelullensvang.no

Ullensvang Gjesteheim (M)

La solución más sencilla de la zona. Cuenta con 11 habitaciones en distintas disposiciones, en una casa grande de madera que ofrece un trato familiar y agradable. Tiene restaurante con platos internacionales y tailandeses. También ofrece comida para llevar.

- ✉ Århus, Lofthus
- ☎ 536 61 236
- 🌐 https://www.ullensvanggjesteheim.no/

Kinsarvik

First Hotel Kinsarvik (M)

Un hotel funcional situado enfrente del muelle y con vistas al fiordo. Las habitaciones, sin grandes lujos, ofrecen una estancia tranquila y cómoda. Además, el restaurante es de los pocos sitios donde comer en el pueblo.

- ✉ 5780 Kinsarvik
- ☎ 91 24 37 90
- 🌐 https://www.firsthotels.no/hoteller/norge/kinsarvik/first-hotel-kinsarvik/

Eidfjord

Pensjonat og Hytter (M)

Una casa de madera de 1928, situada detrás del río salmonero Eio, recuperada y adaptada a las comodidades modernas con 8 habitaciones. Además hay 4 cabañas en las inmediaciones, con preciosas vistas de las montañas cercanas. Cuenta con un restaurante, especializado en platos locales.

- ✉ Simadalsvegen, 10
- ☎ 536 65 151
- 🌐 www.vikpensjonat.com

Sæbø camping (E)

Tienen espacio para autocaravanas, tiendas y 14 cabañas de varios tamaños. Con vistas al Eidfjordvatnet y al corsé montañoso que lo ciñe.

- ✉ Situado en la carretera 7 en Øvre Eidfjord
- ☎ 536 65 927
- 🌐 https://www.saebocamping.com/

Quality hotel and resort Vøringsfoss (M)

Un precioso edificio de madera, pintado en blanco y situado en primera línea con vistas al fiordo y delante del muelle. Las habitaciones son cómodas y amplias. En el restaurante sirven platos internacionales a la carta y bufé a la cena. Ofrecen carta de vinos y hay un pequeño bar abierto hasta medianoche.

- ✉ Ostangvegen, 20
- ☎ 536 74 100
- 🌐 www.nordicchoicehotels.no

Voss

Fleischer's Hotel (M-C)

Uno de los hoteles clásicos del país. Ocupa parte de la antigua estación de tren y tiene dos áreas de distinto precio, aunque matiene la calidad en ambas zonas. Es muy apetecible sentarse en sus preciosos salones de madera con espejos. En el bar, un piano acompaña mientras se puede tomar una copa con vistas al pueblo y al lago Vangstvatnet.

- ✉ Evangervegen, 13
- ☎ 565 20 500
- 🌐 www.fleischers.no

Park Hotel Vossevangen (M)

Situado junto a la orilla del lago y enfrente de la iglesia de San Olav. Un hotel funcional y cómodo, con un buen bufé en el restaurante y un bar-pub donde a veces hay música en directo.

✉ Uttrågata, 3
☎ 565 31 000
🌐 http://parkvoss.no/

Voss hostel (E)

Una de las mejores opciones de la zona, situado a 1 km al oeste del centro, con playa propia. Además cuenta con cabañas y sitio para autocaravanas. También hay un simpático restaurante con comida todo el día. Organizan actividades al aire libre, como senderismo o bici de montaña.

☎ 975 93 888
🌐 http://vosshostel.com/

Ulvik

Brakanes Hotel (?)

Un bonito edificio de madera situado a la orilla del fiordo con preciosas vistas, además se encuentra en el centro de la población, tiene gimnasio y piscina cubierta. Ofrece más de 140 habitaciones de distintas categorías y con un restaurante bien atendido.

✉ Promenaden, 3
☎ 565 26 105
🌐 http://www.brakanes-hotel.no/

Utne

Utne Hotel (C)

Un caserón construido originalmente en 1722 aunque afortunadamente reformado y preparado para hospedar en 26 habitaciones algo rústicas. El restaurante se esfuerza en preparar comidas con productos locales. La única opción viable en la localidad.

✉ Enfrente del muelle principal
☎ 536 66 400
🌐 www.utnehotel.no

Fiordo de Sogne

Balestrand

Balestrand Hotell (M)

Un pequeño hotel de trato familiar a 10 minutos del muelle. Algunas de sus 30 habitaciones tienen balcón y miran al fiordo, pero todas son cómodas y con baño.

✉ Kong Belesveg, 37
☎ 576 91 138
🌐 www.balestrand.com

Kviknes Hotel (M-C)

Un hotel histórico, construido en 1877 al estilo de los hoteles suizos, atrae a visitantes solo por contemplar su preciosa fachada labrada en madera. Las habitaciones de la ampliación son muy decepcionantes aunque se puede reservar expresamente en la parte antigua del hotel, donde hay preciosas habitaciones decoradas con sencillez y bien equipadas.

✉ Kviknevegen, 8
☎ 576 94 200
🌐 www.kviknes.com

Mundal y Fjærlandsfjorden

Mundal Hotel (C)

Un atractivo hotel, de tamaño medio, con un jardín notable que data del siglo XIX. Las habitaciones ofrecen todas las comodidades y el servicio es muy atento. Tiene un restaurante que sirve especialidades noruegas y excelentes postres caseros.

✉ Al lado del muelle
☎ 576 93 101
🌐 www.hotelmundal.no

Fjærland Fjordstove Hotell (C)

Un hotel histórico, construido en madera y que recobra la vida cada primavera. Los interiores y habitaciones son luminosos y con recuerdos de la historia del hotel y la zona. Ofrece un trato impecable y tiene un restaurante destacable.

☎ 410 00 200
🌐 http://fjaerlandhotel.com/

Sogndal

Hofslund Fjord Hotel (M)

Son 49 habitaciones con vistas al Sognefjord. Este pintoresco hotel ofrece un ambiente acogedor y cómodo. Jardín privado y piscina climatizada al aire libre. Tiene un restaurante bien atendido.

✉ Fjørevegen, 37
☎ 576 27 600
🌐 www.hofslund-hotel.no

Kaupanger

Vesterland (M)

Tiene 12 habitaciones a 7 km de la ciudad de Sogndal, en dirección Kaupanger. Algunas habitaciones son exclusivas y hasta con jacuzzi. Hay otras más normales bien equipadas. También se pueden alquilar apartamentos y cabañas.

☎ 576 27 100
🌐 www.vesterland.no

Nærøyfjorden y Aurlandsfjorden

Aurland Fjordhotell (M)

24 habitaciones. Íntimo y acogedor hotel familiar. El punto panorámico, Stegastein, sobre el Sognefjord está justo enfrente del hotel. La mayoría de habitaciones tiene vistas al fiordo. Desayuno incluido en el precio y por la noche se puede cenar en el restaurante.

✉ Bjørgavegen 1
☎ 576 33 505
🌐 www.aurland-fjordhotel.com

Flåm

Heimly Pensjonat (E)
Acogedor hostal de gestión familiar cerca del Aurlandsfjorden, y a tan solo 400 m de la parada del famoso tren turístico Flåmsbana. La mayoría de habitaciones están equipadas con baño privado. Tienen un amplio restaurante con vistas panorámicas sobre el fiordo.
- ✉ Vikjavegen, 15
- ☎ 576 31 400
- 🌐 www.heimly.no

Fretheim Hotel (C)
Inició su actividad en 1870. Ofrece todas las comodidades para una estancia tranquila. Tiene un conocido restaurante con un bufé exclusivo; menú a la carta, y platos elaborados con ingredientes ecológicos.
- ☎ 576 36 300
- 🌐 www.fretheim-hotel.no

Flåm Camping og Vandrarheim (E)
A 300 m de la famosa estación ferroviaria y del no menos famoso *The Navvies'Road* (El Camino de los Peones); 80 km de carril bici que parte de Haugastøl y llega hasta Flåm. Solo 16 habitaciones.
- ✉ Nedre Brekkevegen, 12
- ☎ 576 32 121
- 🌐 www.flaam-camping.no

Geiranger

Hotel Union (C)
Hotel exclusivo e histórico, construido en 1891, a 1 km del centro de Geiranger. Lugar espectacular con vistas al fiordo o la montaña. Dos restaurantes de excelente calidad, terraza dedicada a Nina Grieg. Actividades para niños. El hotel tiene una bonita colección de coches clásicos.
- ☎ 702 68 300
- 🌐 www.hotelunion.no

Hotel Geiranger (M)
Abierto de mayo a septiembre, con habitaciones de diferentes categorías; desayuno incluido. El restaurante es famoso por su abundante bufé.
- ☎ 702 63 005
- 🌐 www.hotel-geiranger.no

Zona del Nordfjorden

Stryn

Stryn Verthus Pensjonat (M)
Cinco habitaciones poco sofisticadas pero con baño privado. Tiene un eficiente bar-cafetería. Solo abre en verano.
- ✉ Tonningsgata, 19
- ☎ 578 70 530
- 🌐 www.strynvertshus.no

Loen

Hotel Alexandra (M)
Un referente en la hostelería del país. Más de 200 habitaciones confortables y espaciosas, algunas con terraza y mirando al fiordo. Cuenta con todas las comodidades, incluyendo piscina, spa y solarium. Facilidades para alquilar botes y bicicletas.
- ☎ 578 75 000
- 🌐 www.alexandra.no

Loenfjord (M)
Cuenta con 137 habitaciones de diferentes categorías, pero todas de gran calidad. Hotel confortable cerca del fiordo con restaurante y bar. Además, alquilan bicicletas y barcas.
- ☎ 578 75 700
- 🌐 www.loenfjord.no

Olden

Olden Fjordhotell (M)
Es un hotel elegante con vistas al fiordo y con todas las comodidades. Cocina noruega bien elaborada. Apetitoso bufé de especialidades locales o menú a la carta.
- ✉ N-6788 Olden
- ☎ 578 70 400
- 🌐 www.olden-hotel.no

▮ Ir de compras

OSLO

Bærums Verk
En la gloriosa fábrica Bærumske Jernverk, de 1610, se encuentra un centro comercial con 50 tiendas y restaurantes, galerías y tiendas de artesanía.
En la calle Verksgata hay tiendas y talleres de artesanía, así como sopladores de vidrio, trabajos en madera, muebles y tejidos. Agradable zona al aire libre, con lugares para descubrir.
- ✉ Verksgata, 15
- ☎ 671 30 018
- 🌐 www.baerumsverk.no

GlasMagasinet
Los grandes almacenes más antiguos de la ciudad. En la planta baja secciones de vidrio y porcelana con marcas de renombre tales como Hadeland Glassverk, Steninge Slott, Kosta Boda, Orrefors y Holmegaard, así como souvenirs más livianos de Noruega.
- ✉ Stortorvet, 9
- ☎ 992 71 870
- 🌐 www.glasmagasinet.no

Heimen Husflid
Trajes tradicionales de Noruega, tejidos, y en general artesanía de Noruega.
- ✉ Rosenkrantz gt., 8
- ☎ 232 14 200
- 🌐 www.heimenhusfliden.no

Illums Bolighus
Unos grandes almacenes de prestigio con proyección internacional que recoge lo mejor del diseño escandinavo y mundial.
- ✉ Haakon VIIs gate, 10
- ☎ 220 15 510
- 🌐 www.illumsbolighus.com

Juhls Silvergallery
Joyería tradicional del norte del país en plata, realizada en la ciudad de Kautokeino. La mayoría de artículos están diseñados por la familia Juhls que, desde 1958, lleva adelante la tradición de las joyas sami. También hay artículos de diseño y artesanía de otros artistas escandinavos.
- ✉ Roald Amundsens gt., 6
- ☎ 224 27 799
- 🌐 www.juhls.no

Norway Designs
Artesanía artística, joyería y bisutería, artículos para el hogar, vidrio de diseño de todos los países nórdicos.
- ✉ Stortingsgata, 28
- ☎ 231 14 510
- 🌐 www.norwaydesigns.no

Oslo Sweater Shop
Suéteres, artículos de lana, artesanías y souvenirs. Hay otra tienda en Tullins gt. 5.
- ✉ Biskop Gunnerus gt., 3
- ☎ 221 12 922
- 🌐 www.oslosweatershop.com

Vestkanttorvet bric-a-brac/ antiques market
Cada sábado por la mañana (hasta las 15 h) se celebra el más antiguo mercado de antigüedades en una plaza cerca del parque de Vigeland, en la esquina entre las calles Prof. Dahlsgt y Neuberggt.
- ✉ Neuberggata esquina Prof Dahls
- ☎ 226 07 981
- 🌐 www.vestkant-torvet.no

BERGEN

Además de los centros comerciales, el centro de la ciudad está lleno de negocios y tiendas que ofrecen, a precios noruegos, un buen surtido de ropa, artesanía y recuerdos varios. Las calles más interesantes para mirar escaparates son Torgallmenningen, Markengaten y Hollendergaten y el propio Bryggen y Skostredet.
Entre las tiendas más conocidas destacamos, para prendas de vestir: **Dale of Norway** y **Janus**.
Para comprar zapatos hay que ir a **Haaland Sko Gågaten**.
Para ver diseño de interiores: **Hjertholm** y **Wallendhal**.
La mejor librería de la ciudad, con buenos planos del país es **Norli**.

Alfheim & Nielsen AS
Productos gastronómicos noruegos, especialmente procedentes del mar.
- ✉ Skuteviksbodene 1/2
- ☎ 553 03 900

Audhild Viken
Artesanías de alta calidad a precios competitivos.
- ✉ Bellgården, Bryggen
- ☎ 552 15 489

El IVA
Los ciudadanos de la UE pueden comprar "libres de impuestos" ya que el IVA se devuelve al salir de Noruega. Algunas tiendas están asociadas al GLOBAL BLUE TAX FREE (www.globalblue.com) y tienen convenio con el Estado para la devolución de parte de los impuestos indirectos. Esta devolución se hace al salir del país, en los aeropuertos o en las aduanas. Hay que haber gastado en estas tiendas al menos 315 Kr en un solo ticket y la devolución representa más o menos el 10 % del gasto.

Los fiordos

Para encontrar un souvenir en los fiordos tendremos que acudir a alguna de sus poblaciones principales, preferentemente con muelle. En todo caso, no esperemos mucho más de lo que bien podamos comprar en un supermercado.

Berle Bryggen
Suéteres y souvenirs de calidad en esta tienda del Bryggen de Bergen. La ropa es estupenda y el diseño de mantas y colchas hará que deseemos todo lo que hay en la tienda.
- ✉ Bryggen 5
- ☎ 551 09 500
- 🖰 www.berlebryggen.com

Bryggen Handel
Surtida tienda de suéteres noruegos de las mejores marcas, así como recuerdos.
- ✉ Bryggen 23
- ☎ 553 11 767
- 🖰 www.bryggen-handel.no

Christiania Glasmagasin
La tienda de cristal y porcelana en el centro comercial Galleriet.
- ✉ Torgallmenningen 8
- ☎ 553 00 500
- 🖰 https://www.cg.no/

Fløien Souvenir
Clásica tienda de recuerdos en la cima de la colina Fløyen.
- ✉ Fløyfjellet
- ☎ 553 12 474

Hjertholm AS
Vidrio, cerámica, joyería y otros artículos manufacturados por artistas noruegos y escandinavos.
- ✉ Torgallmenning 8
- ☎ 5531 7 027
- 🖰 www.hjertholm.no

Julehuset
Singular tienda en la ciudad, artículos de Navidad durante todo el año.
- ✉ Brellgården 1, Bryggen
- ☎ 552 15 489
- 🖰 www.julehusetbergen.no

Kvamme Kolonial og Fetevarer
Productos de la gastronomía noruega a buenos precios.
- ✉ Strandkaien 18
- ☎ 552 31 425

Nilssen på Bryggen
Suéteres de la marca Dale y otros artículos de géneros de punto y textil junto al Museo Hanseático.
- ✉ Bryggen 3
- ☎ 553 16 790
- 🖰 oallers@online.no

Torget i Bergen
El mejor mercado de pescado fresco de Noruega donde se puede comprar salmón, incluso salvaje, arenque, carne de ballena y muchas otras delicias del mar para llevar a casa. También hay puestos de souvenirs para los más entusiastas.
- ✉ Torget
- ☎ 553 15 617

Tundra
Exclusiva tienda de artesanía y joyas de plata del famoso taller de la Laponia noruega Juhls Silvergallery. Para darse un capricho.
- ✉ Bryggen 39
- ☎ 553 24 740
- 🖰 www.juhls.no

▌Ir con niños

OSLO

En Invierno

Patinaje sobre hielo al aire libre, en las plazas cercanas al Parlamento.
Pistas de trineo en los bosques de los alrededores, en especial en Frognerseteren (https://akeforeningen.no/; metro T1 hasta Frognerseteren) donde hay una pista de varios kilómetros llamada Korketrekkeren (el sacacorchos) y conexión en metro para repetir la bajada tantas veces como aguante el cuerpo. Se alquila el material ahí mismo. También hay otras pistas de entrenamiento de bobsleigh impresionantes. **Estación de esquí,** Oslo Vinterpark (www.oslovinterpark.no). En transporte público, metro T1. Un total de 18 pistas de esquí y zona de salto de snowboard, con 11 remontes. También un precioso circuito de esquí de fondo y zona infantil especialmente acondicionada. Cuenta con iluminación nocturna.

En verano

Parque de atracciones de Oslo, Tusenfryd
Situado a 20 km al sur de la ciudad pero con conexión en transporte público desde el centro de Oslo con metro y bus (unos 45 minutos).
Un parque con todos los cachivaches de rigor y puestos de dulces. Hay atracciones para niños desde 3 años.
- 🕒 Abierto de may. a oct.
- 🖰 https://www.tusenfryd.no/en

Parque de aventuras Oslo Summer park

Situado a unos minutos de la parada de metro de Voksenkollen (55 minutos desde el centro) ofrece distintas posibilidades con zonas de escalada, tirolina, puentes y pruebas de varios niveles de desafíos de habilidad física y de orientación. Para todas las edades. También tiene una zona de parrillas donde poder preparar vuestra propia comida.

- ✉ Tryvannsveien 64
- 🖥 http://www.
  oslosommerpark.no

Oslo klatrepark

Un parque de actividades deportivas, centrado en la escalada, muy bien preparado y pensado para todas las edades, que incluye clases, cursos de verano y todo en plena naturaleza.

Resulta un espacio estupendo para pasar una jornada en familia. Alquilan material si es necesario y cuentan con profesionales para asesorarnos para el

Protegidos

Los niños en Noruega gozan de un status especial de protección por parte del Estado, que vela hasta límites casi insospechados por sus derechos como menores de edad. Cualquier tipo de conducta violenta contra los niños –verbal incluida– está sujeta a investigación por parte de los Servicios Sociales noruegos, que tienen una alta capacidad coercitiva para imponer medidas en defensa de los menores.

mejor aprovechamiento de la visita. También se puede comer y hay zonas para los más pequeños.

- ☎ 469 09 064
- 🕐 De abr. a oct. mié. de 12-18 h, sáb. de 10-18 h, dom. de 10-17 h
- 🚉 Para llegar: Tbanen 5, parada Vestli y luego caminando 10 min. Unos 45 min desde Oslo centro.
- 🖥 www.osloklatrepark.no
- 💲 Precio medio

BERGEN

En www.visitbergen.com, hay una selección de actividades recogida por la Oficina de Turismo.

Paseos en barco

Es una bonita actividad para realizar con niños. Hay muchas opciones:

El **ferry del acuario** (Akvariefergen). El ferry histórico M/F Vågen realiza diariamente en verano un vistoso paseo en barco por el fiordo desde el mercado del Pescado hasta el Acuario, en la punta de la península de Nordnes.

- 🕐 Desde mitad de may. a 31 de ago., de 10-18 h
- ☎ 952 28 715
- 💲 Precio económico

El crucero de media jornada Mostraumen

En tres horas nos lleva a conocer parte del Osterfjorden (27 km) con estrechos pasos entre escarpadas montañas y hermosas cascadas. Parte todo el año desde Zachariasbryggen (en el mercado del Pescado) con distintos horarios (salidas por la mañana), de la compañía Rodne.

- 🖥 www.rodne.no
- 💲 Precio medio

El barco Weller

Organiza salidas al mar de unas 3 o 4 horas para pescar con la intención de

procurarse la propia cena. Solo entre julio y agosto (resto del año bajo reserva) Las salidas son desde el Bryggen.

- 🕐 16.30 h
- ☎ 408 25 828
- 🖥 www.weller.no
- 💲 Precio medio

Akvariet

Una visita al Acuario de Bergen resulta muy divertida e instructiva para toda la familia.

- ✉ Nordesbakken 4
- 🕐 Abierto de may. a ago. de 9-19 h; resto del año de 10-18 h
- 🚉 Número 11, última parada de Strandgaten
- 🖥 www.akvariet.no
- 💲 Precio medio

Teleférico Monte Ulriken

Desde la parada del autobús hay señales indicativas para llegar a pie. También sale un autobús lanzadera desde muy cerca de la Oficina de Turismo, frente a la librería Norli y se puede comprar el billete del teleférico a bordo o en la Oficina de Turismo. Desde la estación de arriba se pueden hacer paseos por lagos y ríos. Las vistas son estupendas. Además hay un puesto de alquiler de bicicletas y un circuito con tirolinas.

- ✉ Barrio de Landås, a unos 4 km del centro
- 🕐 Verano de 9-21 h; resto del año de 9-17 h
- 🚉 Desde el centro los autobuses número 20 o 30 hasta la parada de Haukeland Sykenus
- 🖥 www.ulriken643.no
- 💲 Precio medio

Funicular al monte Fløien

En la calle Vetridsallmenningen frente al mercado, está la estación del funicular. En la parte de arriba hay un bonito parque de

juegos y la posibilidad de realizar excursiones a pie por los alrededores.

- ✉ Vetridsallmenningen
- 🕐 De lun. a sáb. de 7.30-23 h, dom. de 8-23 h
- 📞 www.floyen.no
- 🚇 Precio medio

Centro De Ciencias de Bergen VILVITE

Un museo interactivo centrado en las demostraciones científicas. Diseñado para los niños de todas las edades. Más que nunca se aplica el lema: aprender jugando.

- ✉ Thormøhlensgate, 51
- 📞 555 94 500
- 🕐 Jue. y vie. de 9-15 h, sáb. y dom. de 10 -17 h; de mediados de junio a mediados de agosto de 10-17 h
- 📞 www.vilvite.no
- 🚇 Precio económico

Vannkanten waterworld

Para llegar, bus número 5 desde Olav Kyrresgt, cerca del centro comercial Telegrafen. Abierto todo el año, con actividades de invierno y de verano, todo relacionado con el agua. Desde patinaje sobre hielo o curling hasta toboganes de agua y piscinas termales.

- ✉ Loddefjordveien, 2 2 etasje
- 📞 555 07 777
- 📞 http://www.vannkanten. no/english/
- 🚇 Precio económico

LOS FIORDOS

Las actividades a realizar con niños en el área de los fiordos no difieren mucho de lo que haríamos sin ellos. Se trata sobre todo de conocer su naturaleza: fiordos, glaciares, cascadas, montañas, miradores. Debemos contactar con las oficinas de Turismo, incluida la de Bergen, para conocer las distancias y dificultades de alguna de las excursiones, pero las propuestas dadas en el capítulo correspondiente son compatibles con los niños. Además, algunas actividades deportivas, especialmente en Voss, están adaptadas para disfrutar sin importar la edad.

VossVind Drift

Ofrece la posibilidad de hacer un simulacro de caída libre.

- ✉ Oberst Bulls veg, 28
- 📞 401 05 999
- 📞 https://vossvind.no/

▌Divertirse

OSLO DE NOCHE

Para estar al día en lo referente a conciertos y actividades hay que consultar *What's on in Oslo,* una revista donde se reseñan los conciertos, películas, obras de teatro y actividades diversas que se programan en Oslo, además de información más general sobre la ciudad. Está escrito en inglés. Se consigue en las oficinas de Turismo.

El centro

Café con Bar

Café a diario y discoteca los fines de semana. Lleno de universitarios. Recomendable para conocer gente. Música de los 70.

- ✉ Brugata, 11

Herr Nilsens Pub C.J

Pequeño pub para los amantes del jazz. Aquí se puede escuchar música en directo casi todas las noches.

- ✉ Hambros plass, 5
- 🕐 De 14-3.30 h
- 📞 www.herrnilsen.no

London Pub

Es un bar gay decano de la capital. Abierto a principios de los 70 del siglo pasado.Está ubicado junto a Kristian IV Gate.

- ✉ Hambros plass 5
- 📞 www.londonpub.no

Rockefeller Music Hall

Gran sala de conciertos de la ciudad, con capacidad para 1.500 personas. Música en vivo todos los fines de semana: rock, reggae, salsa. Uno de los clásicos de Oslo.

- ✉ Torggata, 16
- 📞 www.rockefeller.no

The Villa

Club de música electrónica con diferentes programaciones y actuaciones los viernes y sábados.

- ✉ Møllergata, 23
- 📞 www.thevilla.no

Last Train

Se trata de un histórico pub de la ciudad donde asistir a

conciertos y beber cerveza noruega.

✉ Karl Johans gate, 45
☎ 224 15 293
🌐 www.lasttrain.no

Grünerløkka

Blå
Un local con resonancia cultural. Jazz en directo, rock y cabaret. También sesiones de DJ hasta las 3.30 h. En verano, terraza.

✉ Brenneriveien, 9C
🌐 www.blaaoslo.no

Bar Boca
Se pueden tomar buenos cocktails, cervezas artesanas y picar algo. Ambiente tranquilo y público maduro. Música variada y una pequeña terraza.

✉ Thorvald Meyers gate, 30

Memphis
Muy buen ambiente durante los fines de semana con música alternativa. Los habituales son del del barrio y disfrutan de una florida terraza en verano.

✉ Thorvald Meyers gate, 63
🌐 www.memphis.no

Schouskjelleren
Una cervecería tradicional ubicada en un sótano con bóvedas de ladrillo y grandes mesas de madera con ambiente un poco tabernero. Cervezas artesanales y de productores locales.

✉ Trondheimsveien, 2
🌐 www.schouskjelleren.no

Majorstuen

Oslo Mikrobryggeri
Es una de las cervecerías con más solera de esta zona. Tranquila entre semana, en fin de semana se llena de grupos.

✉ Bogstadveien, 6
🌐 www.omb.no

The Pub
Bar pub ambiente británico, con algunos platillos de comida. Poca luz y cervezas artesanas.

✉ Majorstuveien, 34

Den Glade Gris
Primero sirven cenas y luego copas hasta bien entrada la noche, en un ambiente desenfadado en un gran salón lleno de mesitas. Buena música.

✉ St. Olavs Gate, 33
☎ 221 11 710
🌐 www.dengladegris.no

Aker Brygge

Lekter'n
Bar y restaurante con vistas al fiordo desde su terraza, que parece casi un barco en el muelle. El paisanaje es variado pero se llena de visitantes de la ciudad. Abierto en verano.

✉ Stranden, 3
☎ 215 23 231
🌐 https://www.lektern.no/

BERGEN DE NOCHE

Entre el cúmulo de turistas y de estudiantes, la ciudad resulta más animada de lo que esperaríamos de Noruega. Hay para todos los gustos y bolsillos En el centro de la ciudad encontramos dos zonas diferenciadas por el tipo de local, aunque el público no está adscrito a ninguna, más bien depende de los horarios. Para la tarde y para planes no muy ajetreados, en los alrededores de Torget y el Bryggen. Para más tarde y más actividad, la zona de la plaza de Ole Bull, con pubs y discotecas. Hay que recordar que está prohibido consumir alcohol en la calle.
www.visitbergen.com

Torget y Bryggen

Garage
Un bar grande y algo oscuro pero muy rockero. Con conciertos y noches temáticas. Interesante para tomar algo y para escuchar música en directo.
✉ Christiesgate, 14

Apollon
Realmente es una tienda de discos, pero tienen barra y una cuidada selección de cervezas. Ambiente hipster y precios medios.
✉ Nygårdsgaten, 2A
🕐 Cierra a las 00 h
🌐 www.apollon.no

Kippers USF
Situado en la península de Nordnes, en una antigua factoría de procesado de sardinas, ha sabido sumarse a la escena de arte contemporáneo de la ciudad. Tienen sándwiches y buenos cócteles con vistas al mar. Música en vivo.
✉ Georgernes Verft, 12
🕐 Cierra a las 23 h
🌐 www.usf.no

Sjøboden
Un clásico pub estilo anglosajón situado en una de las casas de Bryggen.

Vinmonopolet
La distribución y venta de alcohol en el país está controlada por el Estado, que vende en exclusiva las bebidas de más de 5,5 grados. En cada población mediana y grande encontramos estas tiendas, con un horario muy restringido y que curiosamente presentan las únicas ventanas con rejas de todo Noruega.

Se anima bastante en las noches del fin de semana con clientela tirando a madura. Precios medios altos.
✉ Bryggen, 29

Barbarista
Un bar con solera y clientes fidelizados por su buen ambiente y selección musical. También se puede comer y tiene un pequeño patio interior donde salir a fumar con la cerveza de la mano.
✉ Øvregaten, 12
☎ 458 72 653

Skipperstuen
Un pub tranquilo en plena zona peatonal. Una buena idea para empezar la tarde noche. A veces hay conciertos.
✉ Torggaten, 9
🌐 http://skipperstuenpub.no

Hulen
Ubicado en una cueva excavada en la montaña. Es un bar de público mayoritariamente estudiantil, ideal para bailar, escuchar música o simplemente tomar algo con los amigos. A menudo ofrece conciertos de bandas locales y nacionales.
✉ Olaf Ryes vei, 48
☎ 553 23 131
🌐 www.hulen.no

No Stress
Muy recomendable para planes más tranquilos pero con copas. La decoración anima al reposo aunque el ambiente es jovial. Precios medios.
✉ Hollendergaten, 11
☎ 938 33 312
🌐 www.nostressbar.no

Dark & Stormy
Se trata de un local de cócteles, cuya máxima es huir del frío, por lo que la decoración tropical, la música y el ambiente nos llevarán casi a la playa.

Cuenta con una terraza en el patio trasero.
✉ Kong Oscars gate, 12

Ole Bulls Plass

Café Opera
Un lugar de culto en la escena literaria noruega. Sirven comida y por la noche se transforma en una animada sala de baile. Los jueves y fines de semana pinchan Dj's y a veces hay conciertos.
✉ Engen, 18
☎ 552 30 315
🌐 www.cafeopera.org

Ole Bull Scene
Una discoteca con mucha animación durante los fines de semana y público adolescente. También actuaciones teatrales.
✉ Ole Bulls plass, 3
☎ 553 21 145
🌐 http://olebullhuset.no

Logehaven
Bar con terraza saturada de ansiosos por captar un rayo de sol, aunque afortunadamente con buena previsión cuenta con estufas. Se puede picar algo, predomina la cerveza.
✉ Øvre Ole Bulls plass, 6
☎ 555 54 955
🌐 www.logehaven.no

Rick's Café Og Salonger
Este enorme complejo de tres pisos incluye varios locales nocturnos: el **Finnegan's**, un típico pub irlandés con cerveza, música celta y madera, el **Club Ricks** y el **Silver Lounge**. Las instalaciones son impresionantes y el ambiente es festivo. Hay música y gente de todo tipo, sobre todo los que rondan los 30 años. Hay conciertos en directo y los martes y jueves se impone la música latina.
✉ Veiten, 3
🌐 www.ricks.no

∎ Fiestas y festivales

Días festivos

Año Nuevo: 1 de enero.
Domingo de Ramos: marzo o abril.
Semana Santa: marzo o abril.
Día del Trabajo: 1 de mayo.
Día de la Independencia (fiesta nacional, se conmemora la constitución de 1814): El 17 de mayo es la fiesta nacional noruega, que se celebra en todos los rincones del país. Desfiles en trajes tradicionales, actuaciones musicales, banderas, helados, bebidas, etc. En Oslo, gran desfile por la Karl Johans gate.
Domingo de Pentecostés: mayo o junio.
Navidad: 25 diciembre, el 26 se celebra san Esteban.

Festivales

Marzo

Holmenkollen Ski Festival. En Oslo. Hacia mediados de mes, un fin de semana dedicado al esquí nórdico, que tiene en Holmenkollen su templo. Una gran fiesta popular sirve de marco a la Copa del Mundo; www.visitoslo.com.

Mayo-junio

Festspillene i Bergen. En Bergen y alrededores. Festival internacional de música, teatro, ópera, danza, literatura y folclore. Gran énfasis sobre la música de Grieg, que nació y vivió en la ciudad; también en agosto y septiembre. www.fib.no.
Hardanger Musikkfest
En Hardangerfjord. En toda la zona se celebran actuaciones musicales; www.hardangerfjord.com.

Junio

Norwegian Wood. En Oslo. Evento musical a mediados de mes, con grandes nombres del rock y del pop. www.norwegianwood.no
Ekstremsportveko. En Voss. La semana de los deportes extremos, normalmente a finales de junio, es uno de los mayores eventos de su tipo en el mundo, acompañado de actuaciones musicales; www.ekstremsportveko.com.
Fiesta de San Juan. Se celebra el día 23, víspera de la fiesta, normalmente en familia, haciendo hogueras en la playa.

Junio-Julio

Campeonato Mundial de voley-playa. En Stavanger. Diez días de emocionantes retos deportivos en la playa.

Julio

Golden League Bislett Games. En Oslo. El Estadio Olímpico de Bislett, testigo de más de 60 récords del mundo, aloja una de las seis reuniones internacionales de la Golden League, con la participación de las estrellas del atletismo internacional; https://oslo.diamondleague.com/home.
Moldejazz. En Molde. El festival de jazz europeo con mayor número de ediciones consecutivas. Más de 100 conciertos programados, cuarenta de los cuales son gratuitos, con muchas estrellas del jazz; www.moldejazz.no.

Agosto

Øyafestivalen. En Oslo. Evento musical dirigido a rockeros. A mediados de mes; www.oyafestivalen.com.

Octubre

BIFF-Bergen Internasjonale Filmfestival. En Bergen. Probablemente el evento cinematográfico más importante del país; visita obligada para los amantes del cine, con proyección de las películas subtituladas en todas las salas de la ciudad; www.biff.no.

Noviembre-diciembre

Fiestas de Navidad. Desde finales de noviembre en Oslo, Bergen y Lillehammer se respira el ambiente navideño, con los mercadillos y encuentros con el mismo Santa Claus, que el 25 de diciembre también aparece en el Finnmark, la lejana tierra de los sami; www.visitnorway.es, www.julebyen.no, www.visitoslo.com.

Diciembre

Día de la paz. En Oslo. El 10 de diciembre, en el Ayuntamiento se otorga el Premio Nobel de la Paz, con ceremonias oficiales, procesiones de antorchas, conciertos y exposiciones de arte. Fiesta de los niños en honor del ganador del premio en Rådhusplas.

Información práctica

❚ Información turística

Embajada de Noruega. Serrano, 26, 5ª planta, 28001 Madrid, telf. 91 436 38 40. Más información en su web: www. norway.no/es/spain/

Consulado general. Balmes, 184, 08006 Barcelona, telf. 93 218 49 83.

La **Oficina de Comercio y Turismo** de Noruega, en la Torre de Colón, calle Génova, 2, telf. 913 44 09 87.

Además, toda la información se puede encontrar en su web: www.visitnorway.com.

La **Embajada de España** en Noruega se encuentra en Halvdan Svartes gate, 13, 0268 Oslo. telf. 0047 22926690.

Consulado Honorario de España en Bergen. Olav Kyrresgate, 11. Telf. 55 215 200.

ANTES DE PARTIR

❚ Qué llevar

– En la costa el tiempo es bastante inestable en verano. El clima es lluvioso, sobre todo en el oeste, por lo que resulta imprescindible llevar en la maleta zapatos cerrados para la lluvia y un chubasquero. En otoño e invierno es imprescindible llevar ropa térmica, guantes, bufanda y gorro, y si se va a pasear por la naturaleza, la ropa de abrigo es necesaria.

– Hay que llevar protector solar pues la latitud del país hace que la exposición continuada y desprotegida al sol pueda causar graves daños. La presencia de mosquitos es común, en verano, en las zonas del interior.

– La Tarjeta Sanitaria Europea (se puede solicitar en las oficinas de la Seguridad Social) permite acceder al servicio de salud nacional. Si se tiene un seguro médico privado, es necesario contactar con este y seguir sus instrucciones.

– No es mala idea llevarse un pequeño botiquín, porque las farmacias, excepto los medicamentos comunes, solo dispensan medicinas con receta médica del sistema sanitario noruego.

❚ Cuándo ir

Aunque cualquier época del año tiene su encanto para visitar Oslo y los alrededores, en verano se lleva menos ropa y, sobre todo, hay muchas más horas de luz para desplazarse, y aumenta la oferta hostelera. Pero también, durante los meses estivales se producen más precipitaciones que en invierno, sobre todo en la costa oeste, en julio y agosto. Las borrascas entran en su mayoría por el oeste y dejan precipitaciones antes de cruzar los Alpes escandinavos, aunque en los últimos años hay menos lluvias debido al cambio climático.

Sus costas están regadas por la corriente del Golfo, que hace que las temperaturas sean más suaves que en el interior, donde la época del deshielo, al principio de la primavera, puede ser incómoda o peligrosa por las caídas. Aun así, la primavera y el otoño ofrecen días agradables para disfrutar de un paisaje que contrasta con los cielos azules. En invierno, toda la actividad pasa por pisar la nieve, para lo que hay que estar preparado con ropa térmica.

❚ Documentación

Como miembros del tratado Schengen, los ciudadanos y súbditos de la UE solo necesitan tener el carné de identidad nacional en vigor. Por supuesto el pasaporte también es válido. Los menores deben viajar con el libro de familia o documentación propia y acompañados de adultos. Si se va a residir más de tres meses en el país es necesario inscribirse en las oficinas del gobierno.

▮ Aduana

En cuanto a los límites de entrada y salida de productos por la aduana, está muy restringido cierto tipo de productos como el alcohol, máximo el equivalente de dos botellas de vino, y el tabaco, 200 cigarrillos. También es posible introducir un máximo de 10 kilos de productos alimenticios.

DURANTE LA ESTANCIA

▮ Cómo llegar en avión

Lo más recomendable y directo es viajar hasta Oslo, Stavanger o Bergen. Una vez allí, se puede continuar en avión como una buena opción de transporte para algunos trayectos en el interior del país, aunque para el sur hay alternativas más cómodas y baratas. Compañías con vuelo directo desde España (unas tres horas) son *Scandinavian Airlines* (SAS), *Norwegian* y *Vueling*. La mayoría de las compañías aéreas de Europa ofrecen enlaces con escala.

En Oslo hay hasta tres aeropuertos, aunque el de Moss-Rygge (a 60 km) no recibe vuelos comerciales. El aeropuerto de Bergen acaba de estrenar nueva terminal y junto con el de Stavanger son aeropuertos pequeños pero con vuelos internacionales.

▮ En tren

La compañía nacional de ferrocarriles noruegos se llama *Norges Statsbaner* (NSB, telf. 815 00 888, www. vy.no) Los trenes son muy cómodos en los trayectos medios y largos; normalmente hay zona para niños y cafetería. Los precios de los billetes son caros, pero si se reserva con tiempo se puede acceder a los *minipris,* billetes muy baratos pero en número limitado y reservado por lo menos con un día de antelación. Es la mejor manera de viajar por el sur del país pues se contempla la naturaleza noruega en su esplendor. El trayecto entre Oslo y Bergen, que además pasan por Myrdal, es especialmente recomendable por su belleza y por las impresionantes obras de ingeniería. Para viajar por el país con precios más económicos también se pueden usar el www.scandictrains.com, el www.interrail.com y para los no residentes en Europa, Eurail www.eurail.com.

Religión

Los noruegos son un pueblo secularizado aunque espiritual, están muy de moda las creencias animistas y paganas, como algo identificativo de su cultura. Prácticamente el 50% de los noruegos afirman que creen en algo sin identificarse con ninguna religión, un 20% asegura ser ateo y el 30% cree en un dios. Aun así, el 80% se declara de religión evangélica protestante luterana aunque muy pocos participan de los ritos. En todo caso la iglesia noruega ha sabido adaptarse a los nuevos tiempos y tiene un mensaje muy tolerante, baste decir que su máximo representante hoy en día es una obispo y que se celebran matrimonios entre personas del mismo sexo en los templos. Hoy en día el estado y la iglesia están separados formal y financieramente. El segundo credo con más devotos es el islámico con 200.000 creyentes, debido a la llegada de inmigrantes y sobre todo refugiados y exiliados.

Moneda

La moneda nacional es la corona noruega *(krone)*, denominada NOK en las oficinas de cambio y simplemente kr en el comercio. Existen monedas de 1, 5, 10 y 20 coronas. Los billetes son de 50, 100, 200, 500 y 1.000 coronas. El tipo de cambio de la corona es flexible, pero respecto a las divisas más utilizadas en los mercados internacionales, el dólar, el euro y la libra esterlina, es tradicionalmente muy estable. En esta guía se utiliza un tipo de cambio más bien orientativo, 1 € = 10 kr. Para hacernos una idea rápida podemos calcular que el billete de 20 NOK equivale a 2 euros. El euro puede ser aceptado para algunas compras caras, en cuyo caso nos aplicarán un tipo de cambio no muy provechoso. Además en Noruega, el dinero físico está en extinción. Lo más común es pagar con **tarjeta** para todo. En los datáfonos existe la opción de aplicar el cambio al euro que ellos ofrecen o pagar en NOK y que sea el banco de la tarjeta el que haga el tipo de cambio. Esta última opción suele ser mejor.

Para cambiar dinero se puede acudir a las oficinas de Correos o las oficinas de cambio, que hay en todas las poblaciones grandes. Las oficinas de los aeropuertos salen más caras que cambiar en la ciudad, pero resulta mejor que cambiarlo en España.

Ahorrar

Noruega es un país con unos precios muy alto para nuestros estándares mediterráneos. Sobre todo debido a los altos impuestos (IVA del 25%), costes y salarios de los trabajadores. Los precios de todo lo relacionado con el ocio, el alcohol y los productos de lujo y similares tienen además altos impuestos asociados, por lo que, por ejemplo, tomarse una cerveza en un pub no baje de 10 euros al cambio.

Por otro lado, los precios no varían mucho con las estaciones. Tampoco se abusa del visitante, que paga los mismos precios que los nativos. En muchos lugares la temporada alta de verano no implica precios más altos que fuera de temporada.

Algunas tiendas están asociadas al GLOBAL BLUE TAX FREE y tienen convenio con el Estado para la devolución de parte de los impuestos indirectos. Esta devolución se hace al salir del país, en los aeropuertos o en las aduanas. Hay que haber gastado en estas tiendas al menos 315 Kr en un solo ticket y la devolución representa más o menos el 10% del gasto.

La **tarjeta ISIC**, el **carnet Joven Europeo** y el **carnet internacional de alberguista** son aceptados y ofrecen descuentos. Los mayores de 65 años disfrutan de los mismos precios que los estudiantes, y las familias suelen tener descuentos en museos y transporte.

El **Oslo Pass** y la **Bergen Card** son una buena manera de ahorrar en las visitas para aquellos que pasen al menos tres días en las ciudades. También para los viajes en tren es muy recomendable buscar los **minipris**, aunque hay que hacerlo con cierta antelación pues las plazas reservadas para esta promoción son limitadas y se suelen agotar rápido.

Propinas

El precio del servicio y los impuestos están incluidos en la cuenta, aunque lo normal es dejar algo de propina: entre un 5 y un 10 %, si el servicio ha sido bueno. Incluso si se paga con tarjeta existe la posibilidad de marcar la cantidad total que se quiere cargar, lo que sobrepasa el precio de la factura es lo que se está dejando de propina. El regateo con los precios es algo que dejará descolocado a cualquier noruego. Sencillamente no lo entienden.

Teléfono y correos

El prefijo internacional de Noruega es el 0047 (no se incluye en los teléfonos que se ofrecen en esta guía). Noruega está incluida en la zona 1 para el *roaming,* y dependiendo de la compañía telefónica el coste puede ser igual al de llamar a números españoles. Lo mismo sirve para el uso de los datos móviles. En todo caso las redes wifi están muy extendidas, muchas veces abiertas o con clave de acceso visible en el establecimiento. A veces surgen problemas con las redes móviles y cierta incompatibilidad con algunas compañías españolas.

Sanidad

La sanidad en Noruega es pública y la atención universal. La infraestructura de hospitales y centros de atención sanitaria está presente en todas las poblaciones medianas o grandes. Con la tarjeta sanitaria europea es suficiente para ser atendido por personal médico sin coste (www.seg-social.es).

Las **farmacias** *(apotek)* suelen estar abiertas de 10 h a 18 h entre semana y con un horario más restringido los fines de semana, y hay farmacias de guardia. Algunos medicamentos genéricos se pueden adquirir en grandes almacenes y tiendas. Los antibióticos y medicamentos de estricta supervisión médica solo se pueden adquirir con receta médica dispensada en Noruega.

Webs

Noruega

- www.visitnorway.com
- www.hihostels.no
- www.dnt.no
  Página de la DNT (Asociación de Montañismo). Estancias, guías y recomendaciones para preparar las rutas. Muy recomendable para senderistas y montañeros.

Oslo

- www.visitoslo.com

Bergen y los fiordos
Ofrece información muy útil para planear recorridos o contratar actividades deportivas.

- www.visitbergen.com
- www.fjordnorway.com
- www.fjords.com
- www.hardanger-fjord.com
- https://en.sognefjord.no/
- www.sfj.no

Electricidad

Toda la red doméstica funciona a 220 voltios y los enchufes son de tipo europeo. En algunos hoteles antiguos con toma de tierra, los enchufes son incompatibles con los que usamos en España.

Rebajas

Las rebajas de verano comienzan más tarde que en España (a principios o mediados de agosto), mientras que las de invierno empiezan después de Navidad.

Horarios de apertura

Las tiendas suelen abrir de lunes a viernes de 10 h a 17 h (los jueves hasta las 19 h), sábados de 10 h a 15 h; a veces, la apertura se adelanta a las 9 h. Algunos quioscos están abiertos hasta las 22 o 23 h y los fines de semana. La mayoría de los supermercados y grandes almacenes están abiertos hasta las 20 h y los sábados hasta las 18 h.

Seguridad

No vale la pena destacar que un robo de una cartera puede suceder en cualquier lugar del mundo, y por supuesto en Noruega también, pero ese es el mayor peligro al que un viajero se puede exponer en la muy igualitaria sociedad noruega. Las únicas ventanas que tienen rejas en el país son las de *vinnomonopol* (las tiendas, que son monopolio estatal, donde se dispensan bebidas alcohólicas).

Transportes públicos

Carreteras noruegas. En Noruega ha primado la conservación y respeto a la naturaleza a la hora de desarrollar sus infraestructuras de comunicación. Además, la propia orografía del país pone serios límites al modelado del ser humano y no hay que olvidar que se trata de 5 millones de habitantes en un territorio equivalente a algo más de la mitad que la España peninsular.

Así, aparte de las dos autopistas que hay en el sur, ambas desde Oslo, y las periféricas de las grandes ciudades, todas las carreteras son de doble sentido, y las comarcales normalmente tan estrechas como para que dos vehículos grandes tengan que frenar y medir bien el paso cuando se encuentran. De todos modos, la conducción es segura y los accidentes muy esporádicos. Casi cualquier desplazamiento por la costa oeste o por el sur obligará en algún momento a coger un ferry para cruzar un fiordo.

Transporte urbano. En las ciudades que aparecen en esta guía hay un buen sistema de transporte público, que es caro pero cómodo, puntual y fiable.

En Oslo hay una completa red de **autobuses** y algunos tranvías, para moverse dentro de la ciudad. Además, el **metro** (Tbanen) es más útil para desplazarse distancias medias, ya que las paradas no siempre están cerca unas de otras y también hay trenes de cercanías que conectan con ciudades dormitorio del alrededor y ferries, pensados para el transporte a algunas poblaciones del fiordo de Oslo.

Hay tickets sueltos y **bonos** para varios días que sirven para el transporte rodado y algunos ferries, en www.ruter.no. También con el Oslo Pass se puede usar el transporte público.

En Bergen, mucho más pequeño, el transporte público está monopolizado por los autobuses y un tren ligero, a modo de tranvía, que conecta el centro con el aeropuerto, en el barrio de Flesland, en 50 minutos y que hace paradas por todo el camino y una segunda línea de tren ligero que conecta con el barrio de Fyllingsdalen. Con la Bergencard también se puede usar el transporte público. Toda la información de precios y horarios para el transporte público en Bergen está en www.skyss.no/en.

Taxis. Son caros en todo el país, especialmente de noche. Hay varias compañías que prestan servicio en las ciudades. Se puede escoger el taxi en una parada de taxis y no necesariamente el primero de la fila. También se les puede contactar mediante app o teléfono; raramente podremos pararlos por la calle. Los precios son tan elevados, que es normal ver a gente compartir taxi de noche, pues por una carrera de 15 minutos podemos calcular unas 500 kr.

Los taxistas suelen hablar inglés, siempre llevan taxímetro y aceptan tarjeta de crédito. La compañía Norgestaxi (telf. 08000, www.norgestaxi.no) opera en todo el país y puede ser una referencia útil.

Bicicletas. Todas las ciudades y las poblaciones medias tienen carriles bicis específicos, aunque su uso está condicionado por la climatología. Hay sistema de alquiler público de bicicletas mediante app y con tarjeta de crédito. Puede resultar muy útil y agradable para moverse por las ciudades y hacer algunas rutas sugeridas. Además, los vehículos que circulan por las estrechas carreteras suelen ser muy respetuosos con los cicloturistas.

En Oslo, https://oslobysykkel.no/en; en Bergen, https://bergenbysykkel.no/

| Idioma

En Noruega conviven dos lenguas, ambas de origen germánico pero que han pasado por distinto avatares históricos. El más hablado es el **bokmål** (la lengua de los libros), una suerte de lengua danesa pasado por el tamiz noruego, directamente asociado con la colonización y dominación danesa. Y por otro lado, el **nynorsk** (el nuevo noruego), una lengua homogeneizada artificialmente en el siglo XIX y que resulta del compendio de las diversas lenguas habladas en el país históricamente. El bokmål lo habla hasta el 85 % de la población y es el idioma al que nos referimos cuando hablamos de la lengua noruega.

En todo caso no hace falta conocer su lengua para moverse por el país, aunque es aconsejable conocer algunas palabras o expresiones. El nivel de inglés es muy bueno y el castellano está de moda y es cada vez más hablado.

Existen algunas letras que representan fonemas que no tenemos en las lenguas latinas y que aparecen al final del alfabeto: Ø, å, æ.

| Un paseo por Bergen

En la Oficina de Turismo hay guías que hablan español y que ofrecen visitas a pie por la ciudad (hay que llevar paraguas). Bergen es un campo base estupendo para hacer infinidad de excursiones y actividades para toda la familia. Las siete montañas que rodean la ciudad son un área de recreo perfecta. El **circuito Norway Active** que propone la Oficina de Turismo incluye kayak, rafting y bicicleta. También nos ayudan si vamos con nuestro equipo o queremos alquilarlo para hacer excursiones por nuestra cuenta.

Para buscar información sobre senderismo, cabañas y excursiones de montaña se debe contactar con la **Norwegian Trekking Association** (DNT) *www.dnt.no*. También organizan excursiones los fines de semana estivales.

▌ Idioma

Español	noruego	Español	Noruego
Expresiones básicas			
Buenos días	*God morn*	Gracias	*Takk*
Buenas noches	*God kveld*	De nada	*Vær så god*
Adiós	*Ha det bra*	Sí/no	*Ja/nei*
Por favor	*Er du snill*	Disculpe	*Unnskyld*
Entiendo	*Jeg forstår*	No entiendo	*Jeg forstår ikke*
Datos personales			
Nombre	*Navn*	Nacionalidad	*Nasjonalitet*
Apellido	*Etternavn*	Sexo	*Kjønn*
Fecha/	*Dødselsdato*	Pasaporte	*Pass*
lugar de nacimiento	*Fødested*	Tarjeta de crédito	*Kredittkort*
Transportes			
Aeropuerto	*Lufthavn/flyplass*	Autobús	*Buss*
Puerto	*Havn*	Barco	*Ferge*
Estación de autobuses	*Busstasjon*	Billete	*Billett*
Estación de tren	*Jernbanestasjon*	Parada	*Holdeplass*
Equipaje	*Bagasje*	Metro	*T-bane*
Taquilla	*Billettkontor*	Andén	*Spor*
Taxi	*Drosje/Taxi*	Horario	*Tid*
Señales			
Entrada/salida	*Inngang/utgang*	Prohibida la entrada	*Inngang forbudt*
Abierto/cerrado	*Åpent/stengt*	Prohibido aparcar	*Parkering forbudt*
Prohibido fumar	*Røyking er ikke tillatt*	Sentido único	*Enveiskjøring*
Libre/completo	*Ledig/full*	Festivos	*Fridager*
Servicios	*Toaletter*	Días laborables	*Virkedager*
mujeres/hombres	*Damer/herrer*	Centro histórico	*Gamle byen*
Turismo			
Balneario	*termer*	Mar	*sjø*
Calle	*gate*	Montaña	*fjell*
Castillo	*slott/festning*	Muelle	*kai/brygge*
Catedral	*domkirke*	Muestra	*utstilling*
Centro histórico	*gamle byen*	Museo	*museum*
Cine	*kino*	Palacio	*høyhus/bygning*
Concierto	*konsert*	Parque	*park*
Estadio	*stadion*	Piscina	*svømmebasseng*
Festival	*festival*	Playa	*strand*
Galería	*galleri*	Plaza	*torg*
Gimnasio	*trening senter*	Puente	*bru*
Iglesia	*kirke*	Río	*elv*
Isla	*øy*	Ruinas	*ruiner*
Jardín	*hage*	Teatro	*teater*
Lago	*innsjø*	Tienda	*butikk*
Indicaciones			
¿Dónde está…?	*Hvor ligger…?*	Todo recto	*rett frem*
Detrás	*bak*	Gire a la izquierda	*Ta til venstre*
Delante	*foran*	Gire a la derecha	*Ta til høyre*
Lejos (de)	*langt (fra)*	En la esquina	*på hjørnet*
Cerca (de)	*nær*	Enfrente	*vis à vis*

Emergencias

Estoy enfermo	*Jeg er syk*	Soy alérgico a…	*Jeg er allergisk mot…*
Tengo fiebre	*Jeg har feber*	antibióticos	*antibiotika*
Me duele	*Jeg har vondt i*	picaduras de avispa	*bier*
la barriga	*mage*	cacahuetes	*aeanøtter*
la espalda	*ryggen*	penicilina	*penicillin*
el estómago	*magesekk*	Antihistamínico	*antihistamin*
la cabeza	*hodet*	Aspirina	*aspirin*
Soy asmático	*Jeg er astmatiker*	Compresas	*damebind*
celíaco	*Jeg er cøliaker*	Tirita	*plast*
diabético	*Jeg er diabetiker*	Crema solar	*solkrem*
epiléptico	*Jeg har epilepsi*	Diarrea	*diaré*
Medicina	*medisin*	Náuseas	*kvalme*

Servicios

Centro comercial	*Kjøpesenter*	Hospital	*Sykehus*
Bomberos	*Brannmenn*	Lavandería	*Renseri/vaskeri*
Consulado	*Konsulat*	Mercado	*Marked*
Correos	*Postkontor*	Oficina de turismo	*Turistkontor*
Embajada	*Ambassade*	Policia	*Politi*
Farmacia	*Apotek*	Supermercado	*Matbutikk*
Grandes almacenes	*Magasin*	Urgencias	*Legevakt*
Por favor, llamen a…	*Vennligst ring…*	Cuna	*Vugge/sprinkelseng*
una ambulancia	*ambulansen*	Potitos	*Barnemat på glass*
un médico	*legen*	Pañales	*Bleier*
la policía	*politiet*	Trona	*Barnestol*

Compras

Una libra de…	*hundre gram*	jamón	*skinke*
Un kilo de…	*un kilo*	carne	*kjøtt*
Un litro de …	*un liter*	pollo	*kylling*
Una loncha de…	*un skive*	cerdo	*svinekjøtt*
Un trozo de…	*et stykke*	vaca	*oksekjøtt*
Una caja de…	*en boks*	Fruta	*fruktbutikk*
Panadería/pastelería	*Bakeri*	Plátano	*banan*
pan	*brød*	Fresa	*jordbær*
dulce	*kake/dessert*	Manzana	*eple*
tarta	*kake*	Pera	*pære*
galletas	*kjeks*	Melocotón	*fersken*
pasta	*småkake*	Zanahorias	*gulrot*
Carnicería/charcutería	*Kjøtt/ost*	Ensalada	*salat*
fresco	*fersk*	Patatas	*poteter*
cocido	*kokt*	Tomates	*tomater*

Preguntas y frases frecuentes

¿Cómo se llama?	*Hva heter du?*	¿Cuál?	*Hvilken/hvilket?*
Me llamo…	*Jeg heter…*	¿Cuánto?	*Hvor mye?*
¿Qué significa…?	*Hva betyr…?*	¿Cuándo?	*Når?*
¿Qué hora es?	*Hvor mye er klokken?*	¿Dónde?	*Hvor?*
¿Quién?	*Hvem?*	¿Cómo?	*Hvordan?*
¿Qué?	*Hva?*	¿Por qué?	*Hvorfor?*
Habla…?	*Snakker du…?*	Hablo…	*Jeg snakker…*
No hablo…	*Jeg snakker ikke…*	¿Qué significa…?	*Hva betyr…?*
A que hora sale/llega…	*Når går/ankommer…?*	¿Dónde va…?	*Hvor går det…?*
¿Por aquí se va a…?	*Er denne veien til…?*	¿Dónde se paga?	*hvor betaler man*

Índice de lugares

A

B

C

D

1   2

N

Sand

Brønn

Venn

Rørvik

Namsos

Árnes

Levanger

St

E

Trondheim

Orkanger

Kristiansund   E39   Støren

Tingvoll   Ulsberg

Molde   Sunndalsøra   Oppdal

REINHEIMEN NASJONALPARK   Åndalsnes   **FEMUN**
NAS
Ålesund   **DOVREFJELL**   Tyns
Stranda   Ørsta   **SUNDALSFJELLA NASJONALPARK**
Volda   Dombås   **RIS** Alvdal

Måløy   Vågåmo   **DOVREFJELL-**
Nordfjordeid   **BREHEIMEN NASJONALPARK**   **RONDANE**
Anda   Byrkjelo   Lom   Otta   **NASJ.PARK**
Florø   **JOSTEDALSBREEN**   2470   Vinstra   Ringebu
Førde   **NASJ.PARK**   Skjolden   Glittertind   **JOTUNHEIMEN**   Tretten
Lavik   Sogndal   **NASJ.PARK**
Brekke   Vadheim   Borgund   Vang   **ORMTJERNKAMPEN**   Lillehamme
Gudvangen   Leira   **NASJ.PARK**
E16   Ål   Gol   Gjøvik   Ha
Voss   Geilo   Nes   Mjøsa
Nesbyen   Hønefoss

Bergen   Kinsarvik
Osøyro   Odda   **HARDANGERVIDDA NASJ.PARK**   **OSLO**   Dram
Fitjar   **FOLGEFONNA**   _HARDANGERVIDDA_
Leirvik   **NASJONALPARK**   Rjukan   Kongsberg
Ølen
Sauda   Åmot   Notodden   Mos
Haugesund   Sand   E134   Horten
Skudeneshavn   Kviteseid   Skien
Porsgrunn
Stavanger   Kragerø   Larvik
Sandnes   Sandefjord
Risør
Krossmoen   Evje
Egersund   Arendal
Flekkefjord   Grimstad
Farsund   E39   Lillesand
Mandal   **Kristiansand**   Ud
T
Skagerrak   Skagen
Frederiks

Torshavn

N O R U E G A

M A R D E

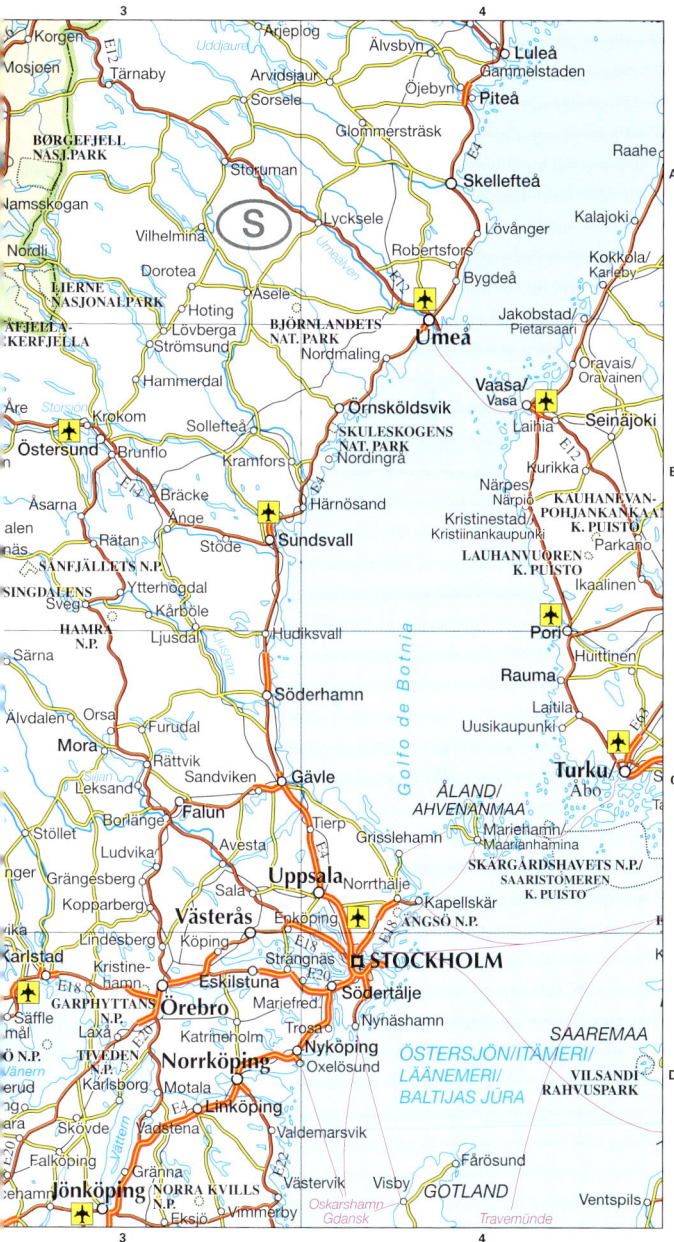